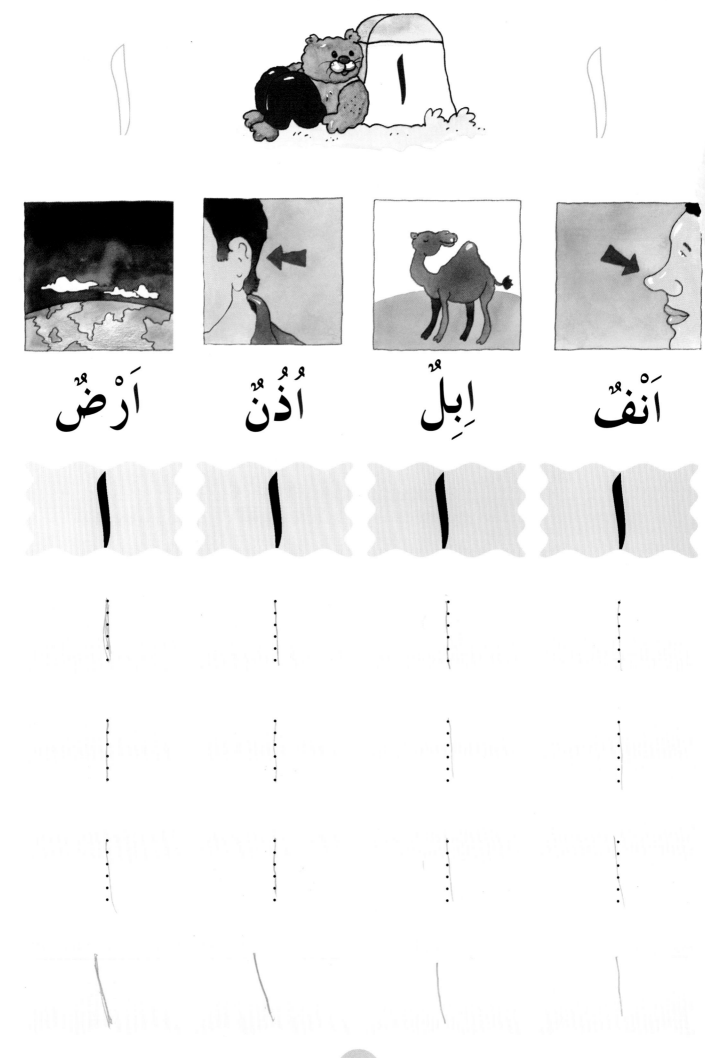

ا ا

اَنْفٌ اِبِلٌ اُذُنٌ اَرْضٌ

ا ا ا ا

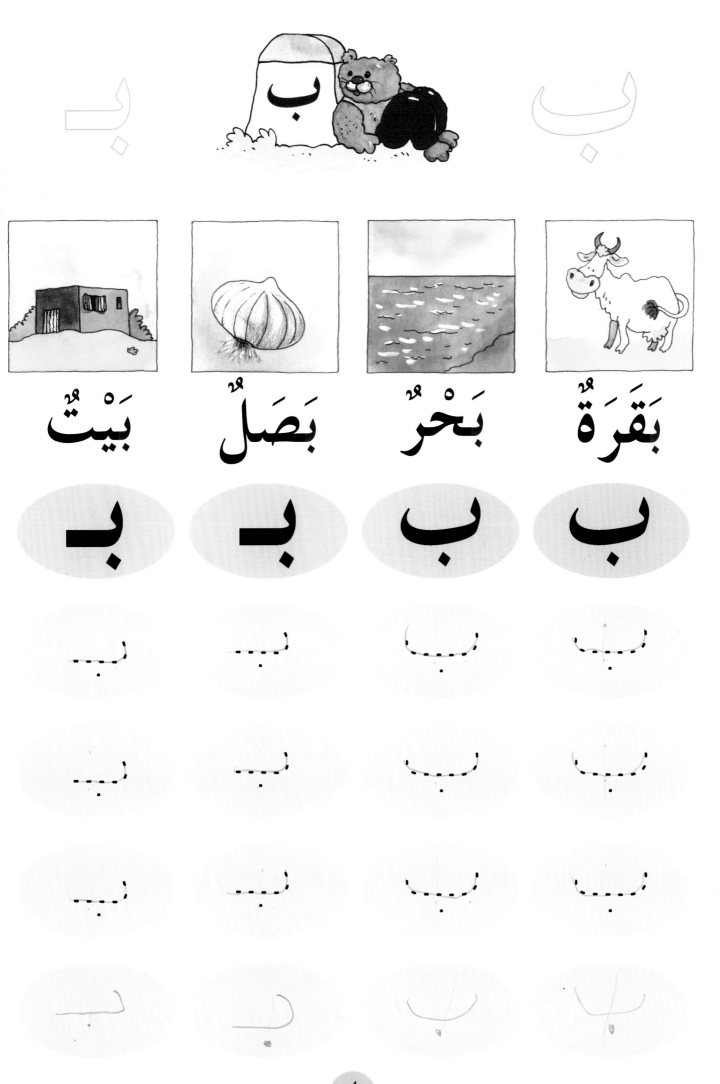

ب ـب

# بَقَرَةٌ بَحْرٌ بَصَلٌ بَيْتٌ

# ب ب بـ بـ

# تَمَارِين

Read the letters

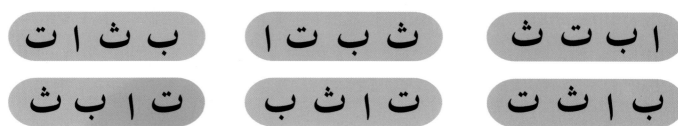

ا ب ت ث

ث ب ت ا

ب ث ا ت

ب ا ث ت

ت ا ث ب

ت ا ب ث

Join letters with correct images

ا

ب

ت

ث

ا

ب

ت

ث

ا

ب

ت

ث

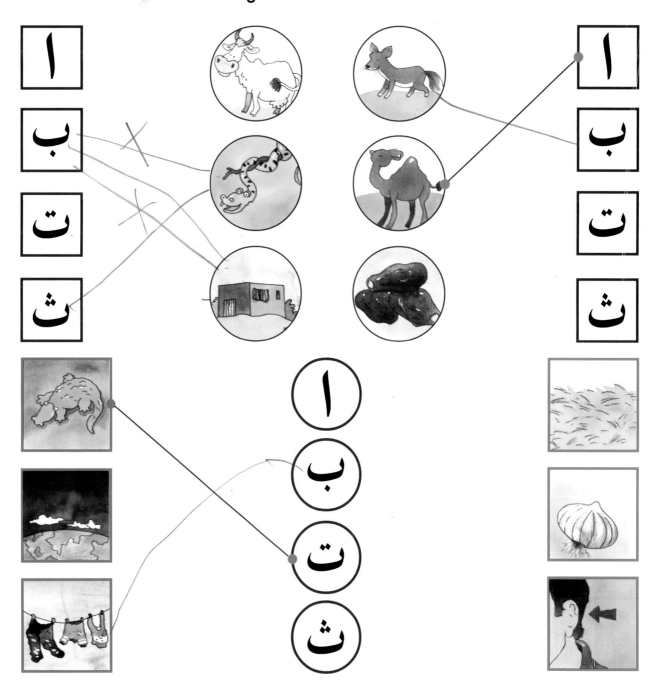

## Encircle the proper letters below the images

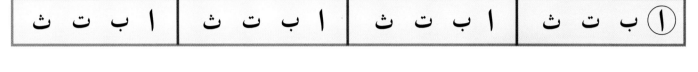

| | | | |
|---|---|---|---|
| ا ب ت ث | ا ب ت ث | ا ب ت ث | ا ب ت ث |

| | | | |
|---|---|---|---|
| ا ب ت ث | ا ب ت ث | ا ب ت ث | ا ب ت ث |

| | | | |
|---|---|---|---|
| ا ب ت ث | ا ب ت ث | ا ب ت ث | ا ب ت ث |

## Fill the letters with colour

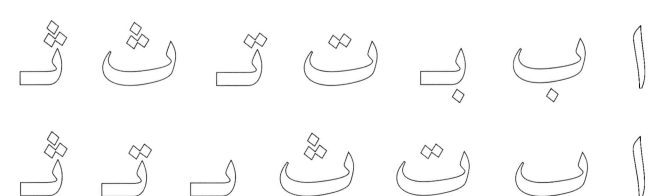

ا ب بـ ت تـ ث ثـ

ا ب ت ث بـ تـ ثـ

ا + ب = اب

ب + ت = بت

ت + ب = تب

ب + ث = بث

Colour the words

باب بث بات اب

Practise the following

اب تب باب ثابت

اب تب باب ثابت

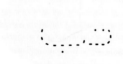

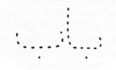

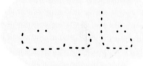

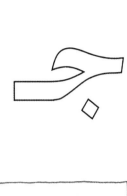

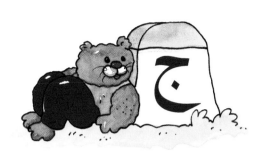

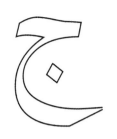

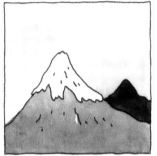

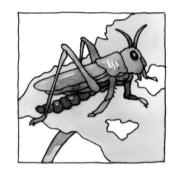

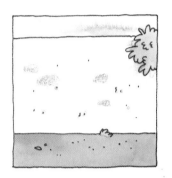

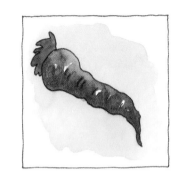

ج

جـ

| | | | |
|---|---|---|---|
| | | | |
| جَزَرٌ | جِدَارٌ | جَرَادٌ | جَبَلٌ |
| ج | ج | جـ | جـ |

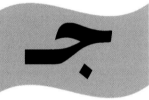

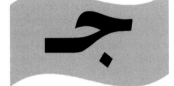

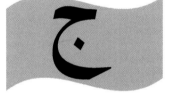

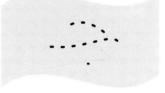

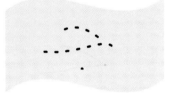

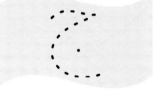

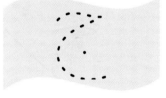

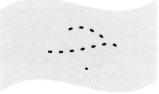

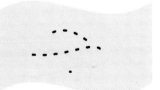

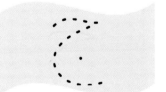

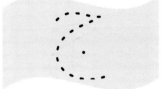

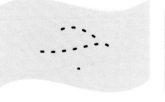

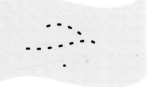

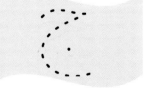

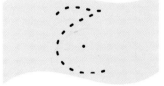

ح حـ

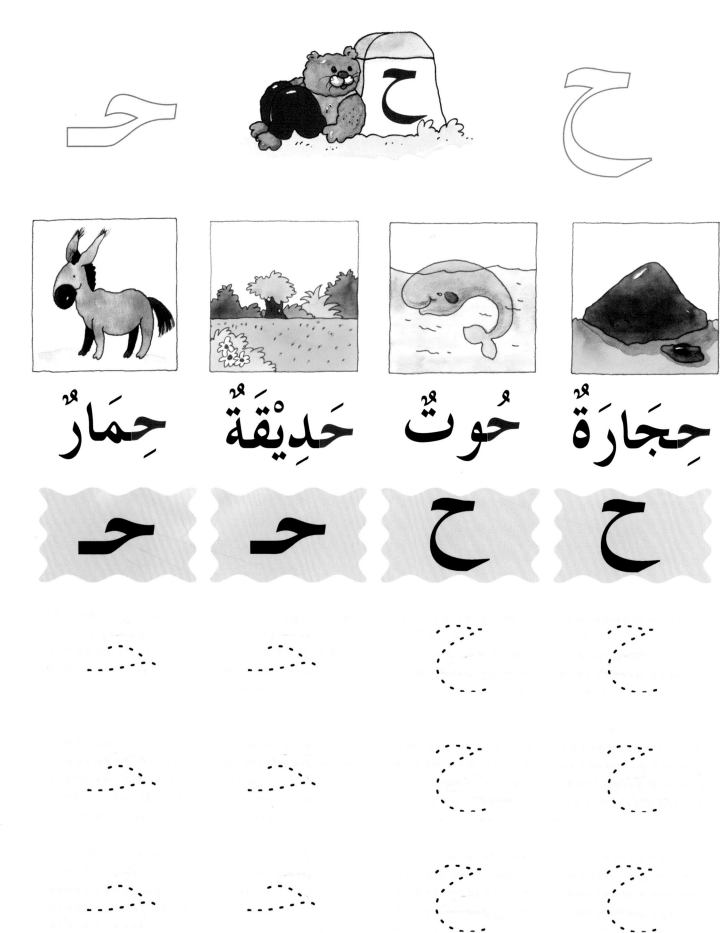

حِجارَةٌ

حُوتٌ

حَدِيْقَةٌ

حِمارٌ

ح ح حـ حـ

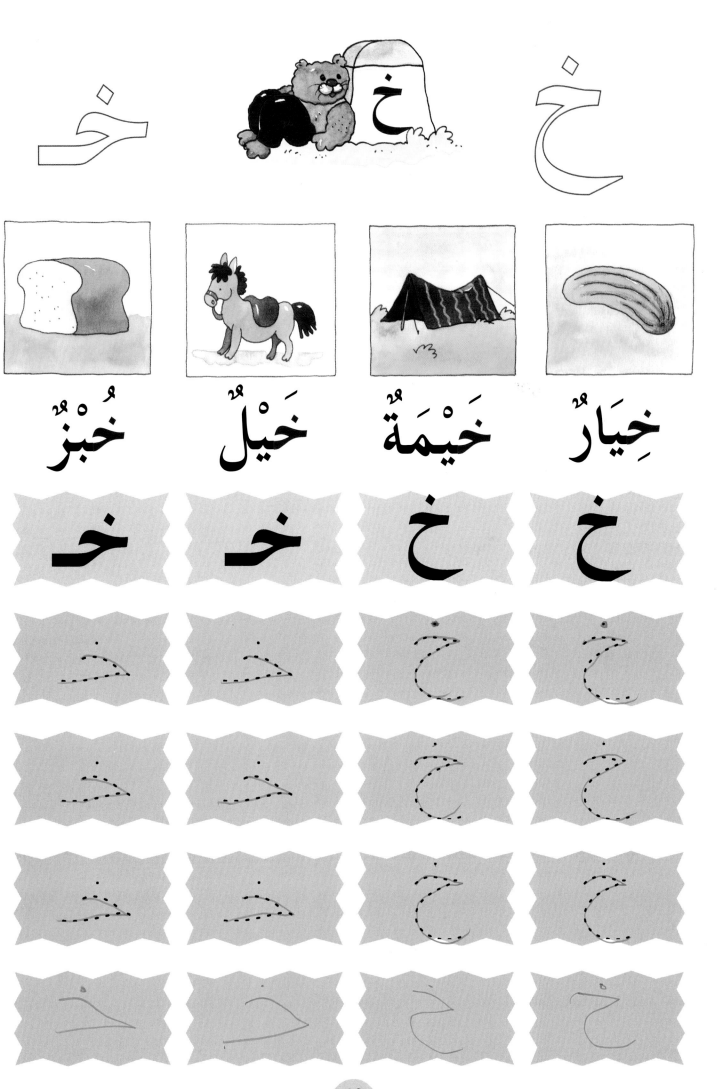

خ

خـ

خِيَارٌ خَيْمَةٌ خَيْلٌ خُبْزٌ

خ خ خـ خـ

# تَمَارِين

Read the letters

| | | |
|---|---|---|
| ج ح خ | ج خ ح | ح خ ج |
| خ ح ج | ح ج خ | خ ج ح |

Join letters with correct images

ج ج

ح ح

خ خ

ج 

ح 

خ

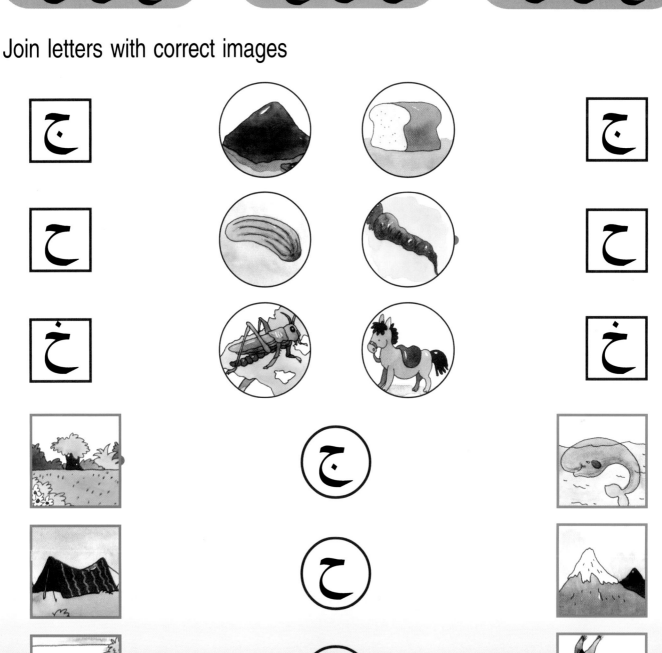

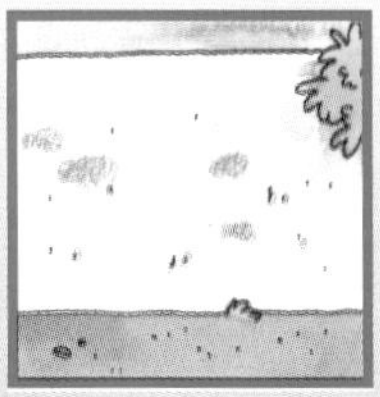

## Encircle the proper letters below the images

| | | | |
|---|---|---|---|
| ج ح خ | ج ح خ | ج ح خ | ج ح خ |

| | | | |
|---|---|---|---|
| ج ح خ | ج ح خ | ج ح خ | ج ح خ |

| | | | |
|---|---|---|---|
| ج ح خ | ج ح خ | ج ح خ | ج ح خ |

## Fill the letters with colour

خـ خ حـ ح جـ ج

حـ جـ ج خـ ح خ

ح + ث = حث

ب + خ = بخ

ج + ب = جب

ح + ج = حج

Colour the words

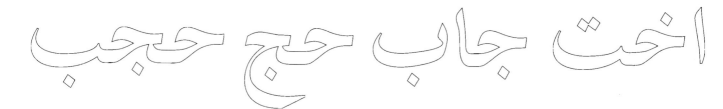

اخت جاب حج حجب

Practise the following

اخ جث حبا حاج

اخ جث حبا حاج

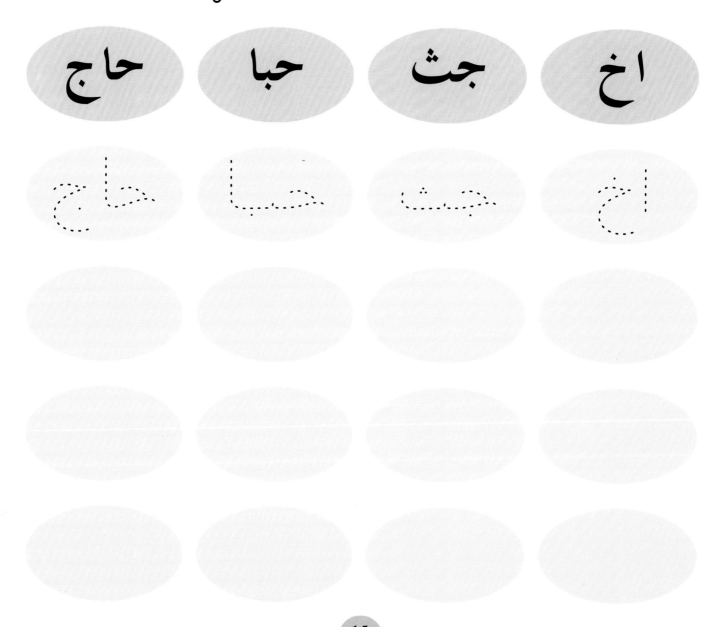

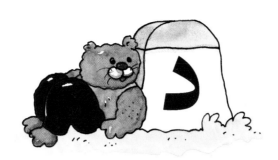

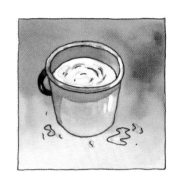

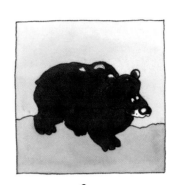

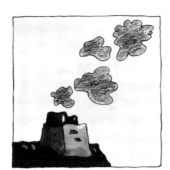

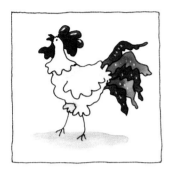

د

د

دَلْوٌ

دُبٌّ

دُخانٌ

دِيْكٌ

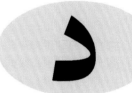

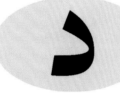

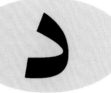

د د د د

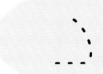

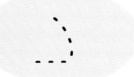

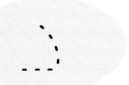

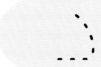

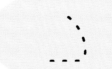

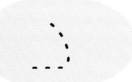

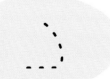

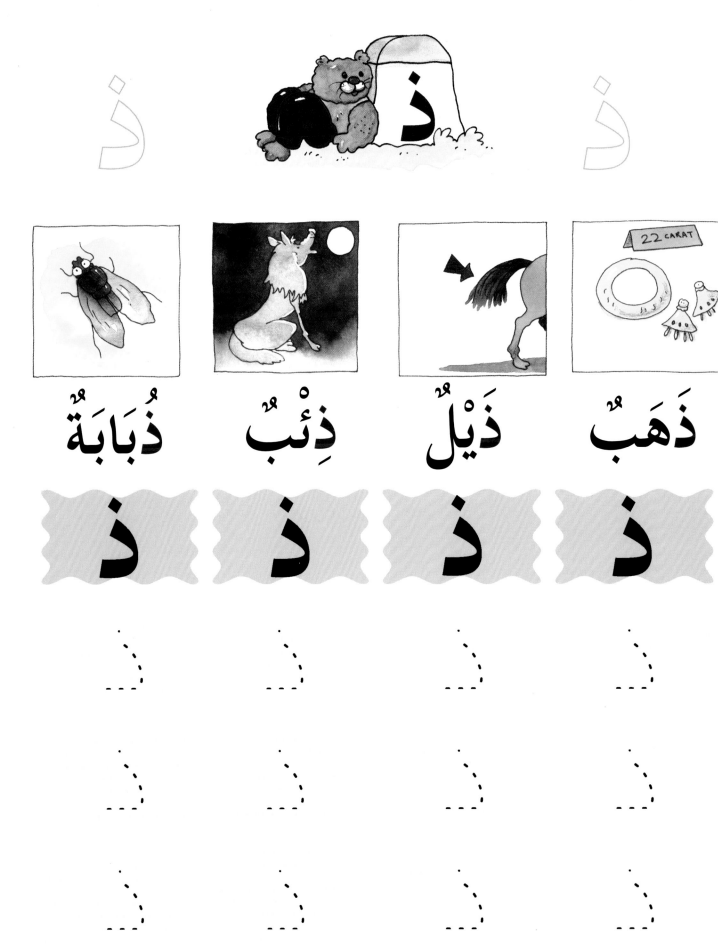

ذ

ذ

ذَهَبٌ

ذَيْلٌ

ذِئْبٌ

ذُبَابَةٌ

ذ ذ ذ ذ

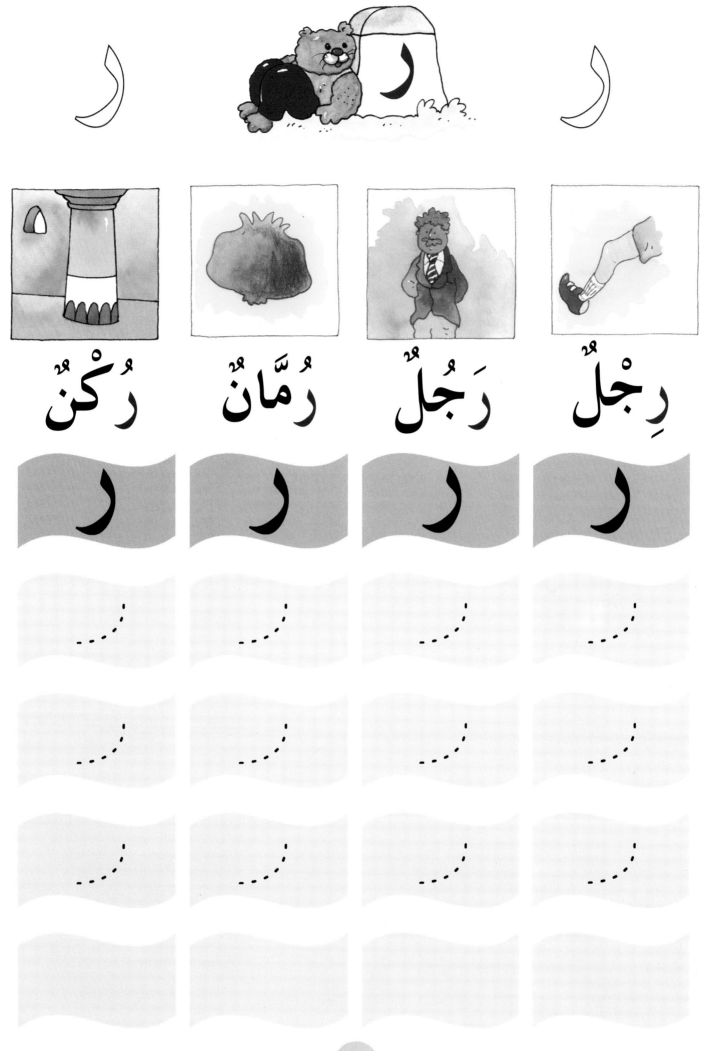

ر ر

| | | | |
|---|---|---|---|
| | | | |
| رِجْلٌ | رَجُلٌ | رُمَّانٌ | رُكْنٌ |
| ر | ر | ر | ر |

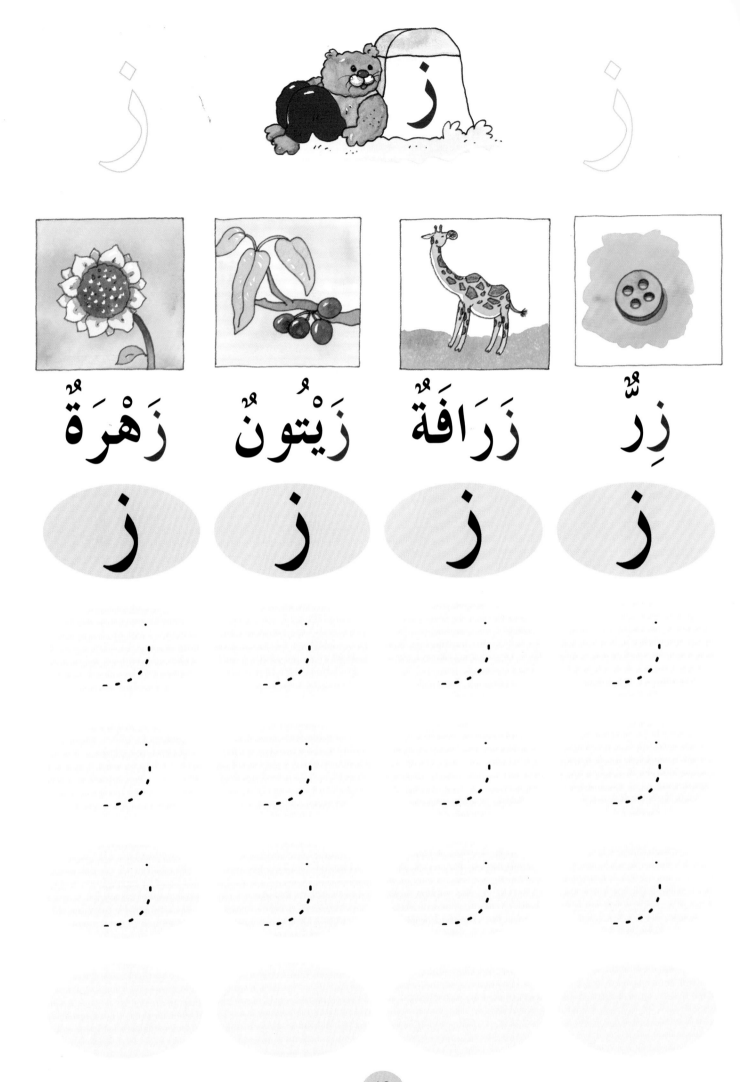

ز ز

زِرٌّ

زَرَافَةٌ

زَيْتُونٌ

زَهْرَةٌ

ز ز ز ز

# تَمَارِين

Read the letters

د ذ ر ز — د ر ذ ز — ز ذ ر د

ر د ز ذ — د ز ذ ر — ر ذ د ز

Join letters with correct images

د ذ ر ز

د ذ ر ز

د ذ ر ز

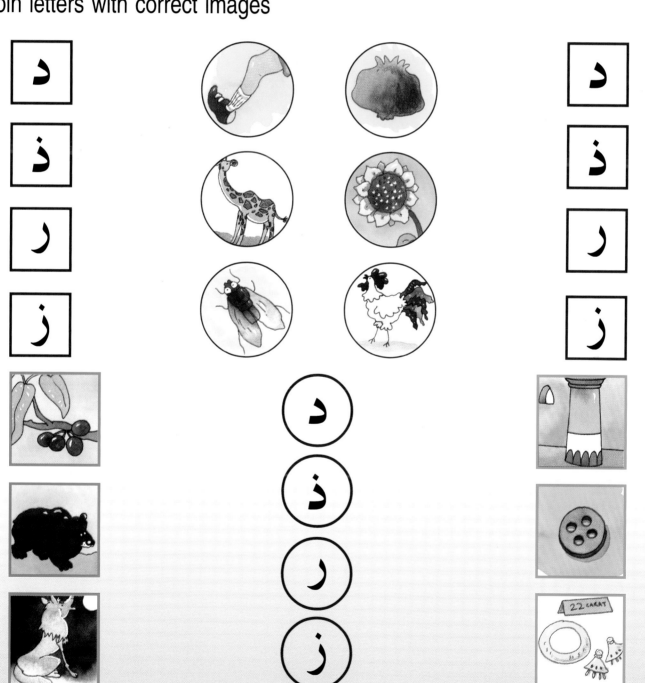

## Encircle the proper letters below the images

| | | | |
|---|---|---|---|
| ز ر ذ د | ز ر ذ د | ز ر ذ د | ز (ر) ذ د |

| | | | |
|---|---|---|---|
| ز ر ذ د | ز ر ذ د | ز ر ذ د | ز ر ذ د |

| | | | |
|---|---|---|---|
| ز ر ذ د | ز ر ذ د | ز ر ذ د | ز ر ذ د |

## Fill the letters with colour

د ذ ر ز د ذ ر ز

ر ذ د ز ر ذ ز د

ر + ب = رب

ج + د = جد

ح + ر = حر

د + ب = دب

Colour the words

خبز جزر ذبح جد

Practise the following

حر جد دب خبر

حر جد دب خبر

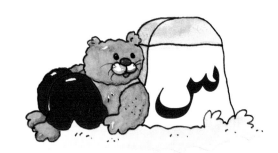

س

ســ

سَدٌّ

سَاعَةٌ

سَمَاءٌ

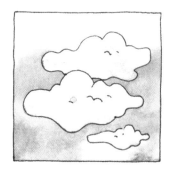

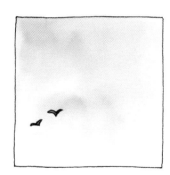

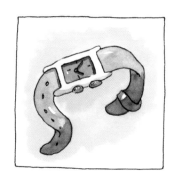

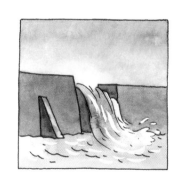

سَحَابٌ

س س ســ ســ

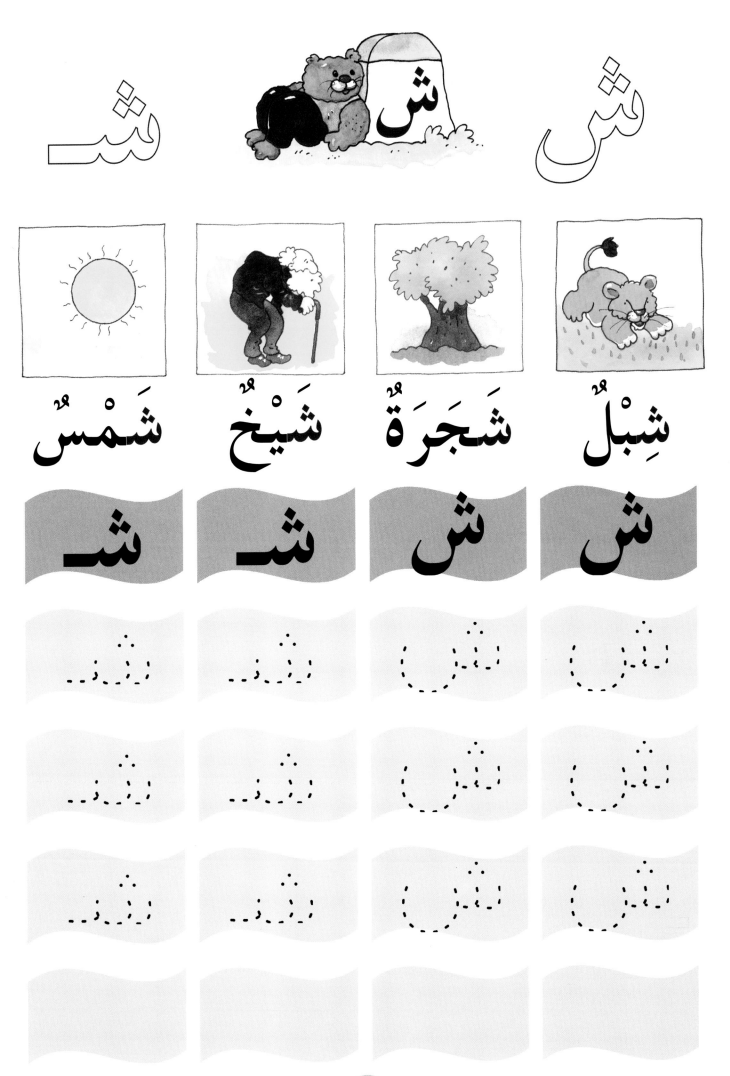

ش

شـ

شِبْلٌ شَجَرَةٌ شَيْخٌ شَمْسٌ

ش ش شـ شـ

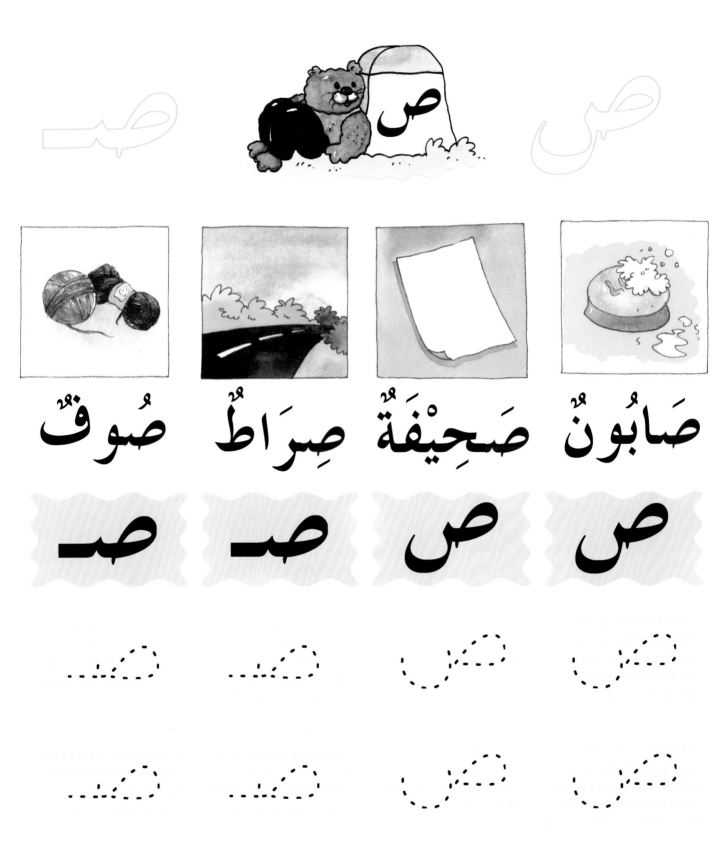

ص صـ

صَابُونٌ صَحِيْفَةٌ صِرَاطٌ صُوفٌ

ص ص صـ صـ

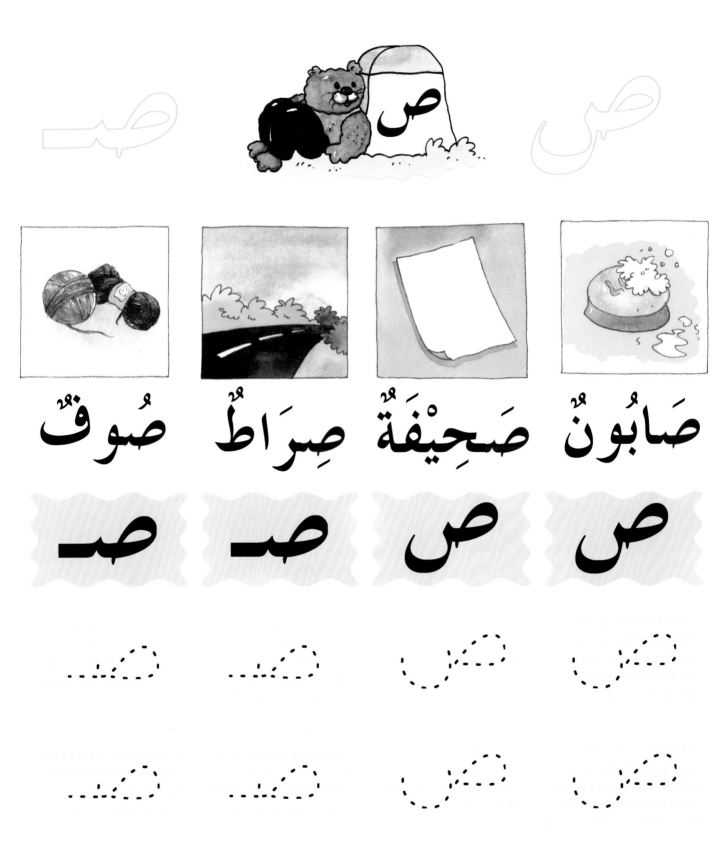

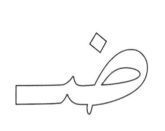

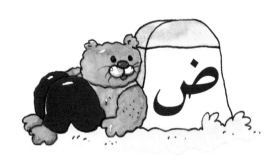

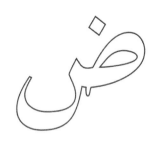

ض ضـ

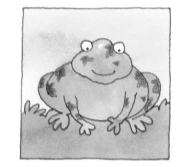

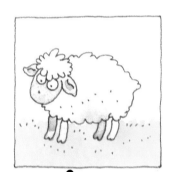

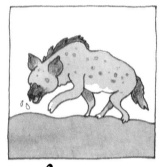

ضَبْعٌ

ضَأْنٌ

ضِفْدَعَةٌ

ضَابِطٌ

ض ض ضـ ضـ

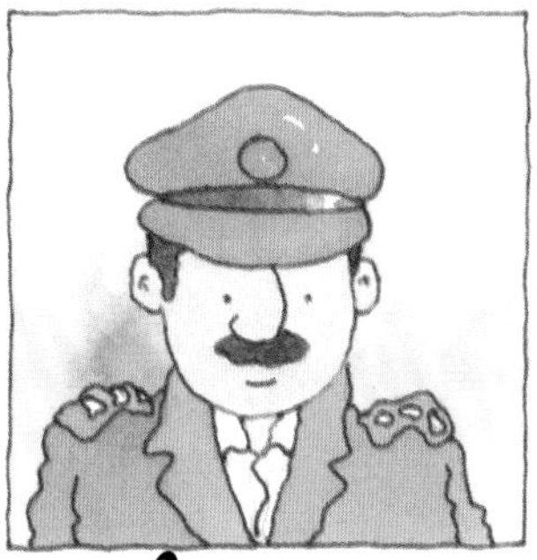

# تمارين

Read the letters

س ش ص ض　　ص ش س ض　　س ض ص ش

ض س ش ص　　ش س ص ض　　ش س ض ص

Join letters with correct images

س　　　　　　　　　　　　　　س

ش　　　　　　　　　　　　　　ش

ص　　　　　　　　　　　　　　ص

ض　　　　　　　　　　　　　　ض

س

ش

ص

ض

## Encircle the proper letters below the images

| | | | |
|---|---|---|---|
| س ش ص ض | س ش ص ض | س ش ص ض | س ش ص ض |

| | | | |
|---|---|---|---|
| س ش ص ض | س ش ص ض | س ش ص ض | س ش ص ض |

| | | | |
|---|---|---|---|
| س ش ص ض | س ش ص ض | س ش ص ض | س ش ص ض |

## Fill the letters with colour

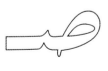

س سـ ش شـ ص صـ

ض ضـ ش ص سـ ض

س + ب = سب

ص + ح = صح

ض + د = ضد

ح + ش = حش

Colour the words

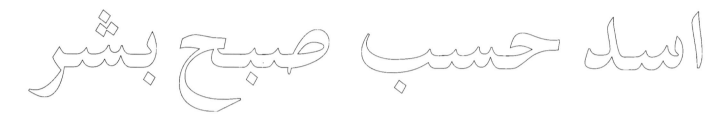

اسد حسب صبح بشر

Practise the following

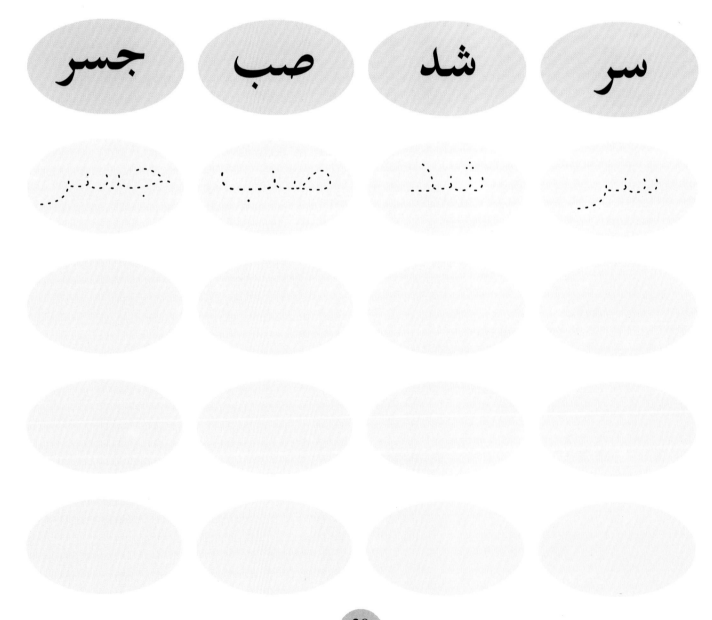

سر شد صب جسر

سر شد صب جسر

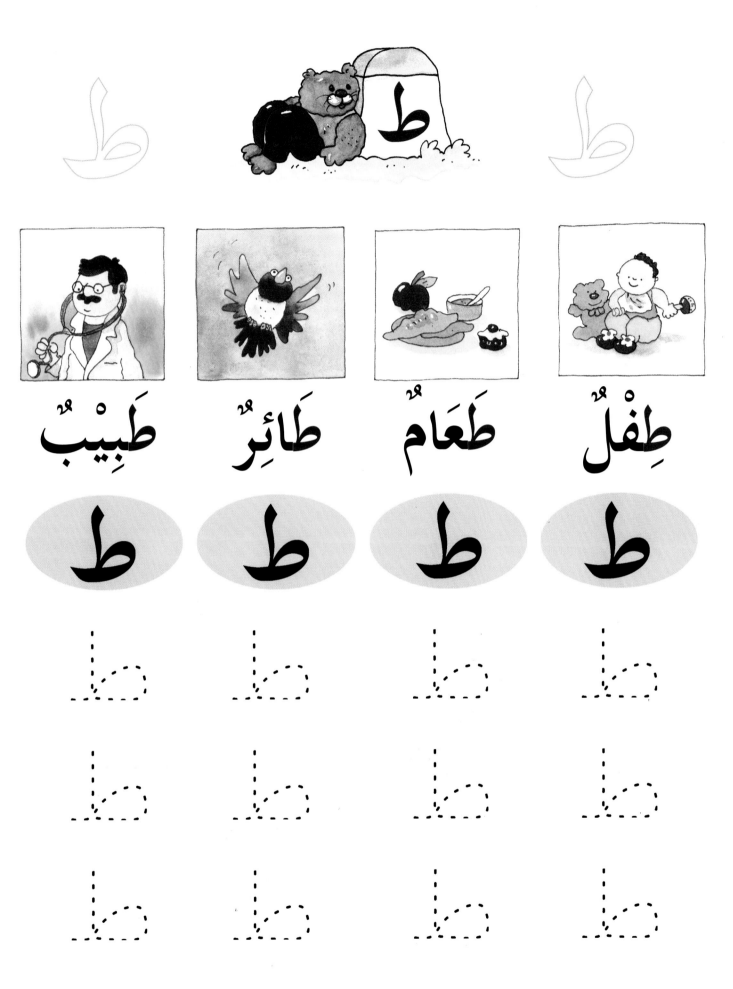

ط ط


طِفْلٌ طَعَامٌ طَائِرٌ طَبِيبٌ

ط ط ط ط

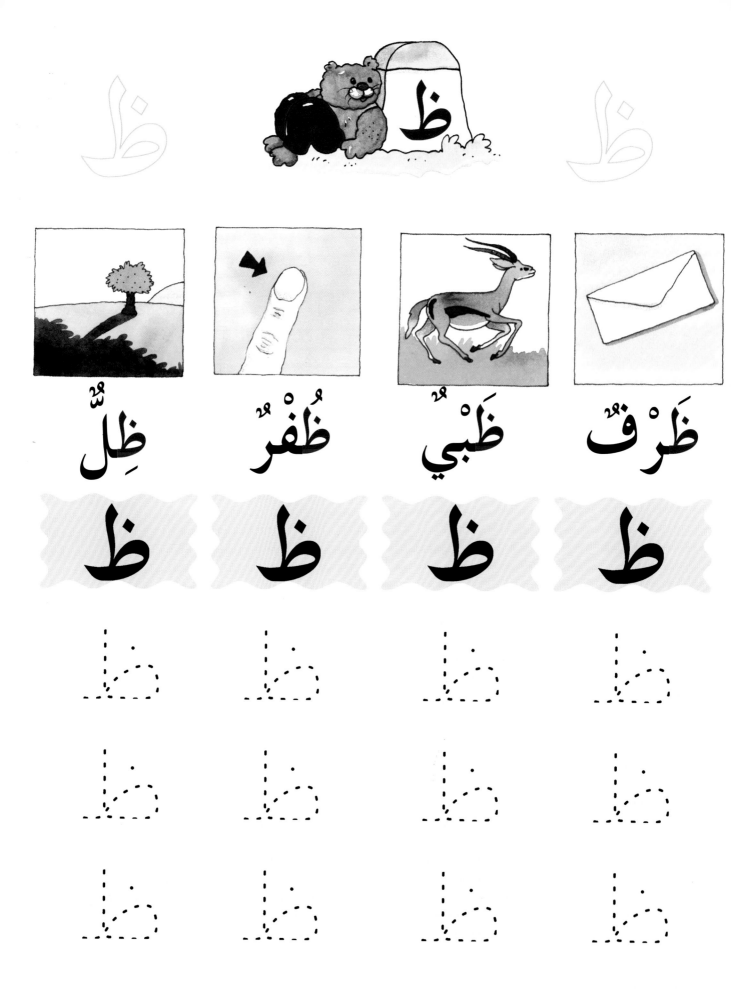

| | | | |
|---|---|---|---|
| | | | |
| ظَرْفٌ | ظَبْيٌ | ظُفْرٌ | ظِلٌّ |

ظ ظ ظ ظ

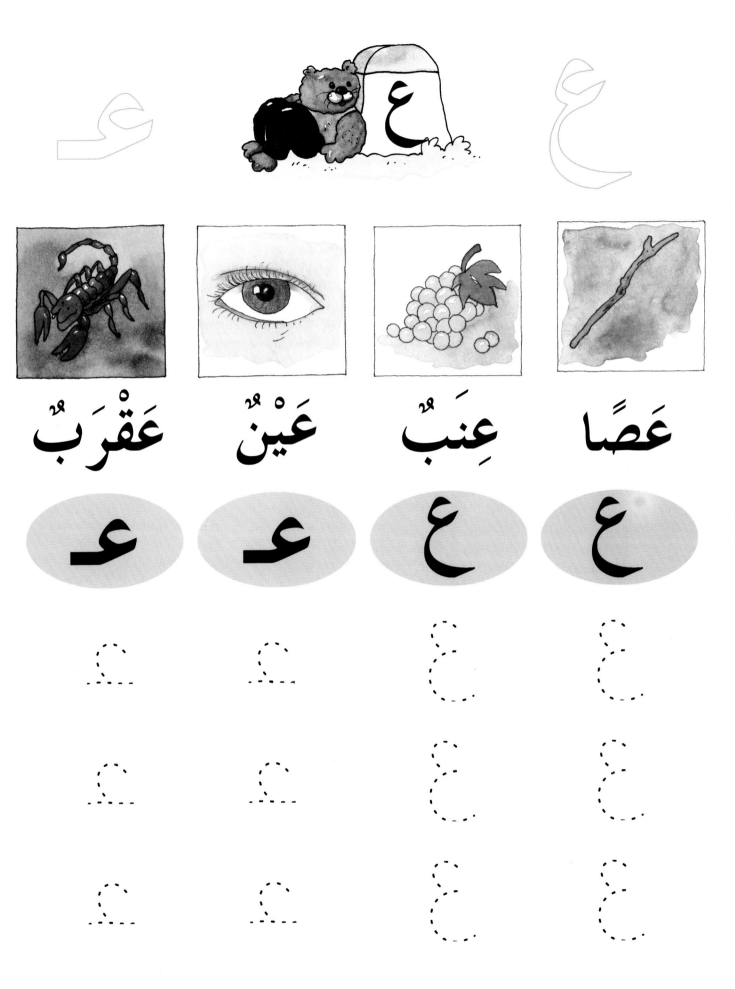

ع عـ

عَصًا عِنَبٌ عَيْنٌ عَقْرَبٌ

ع ع عـ عـ

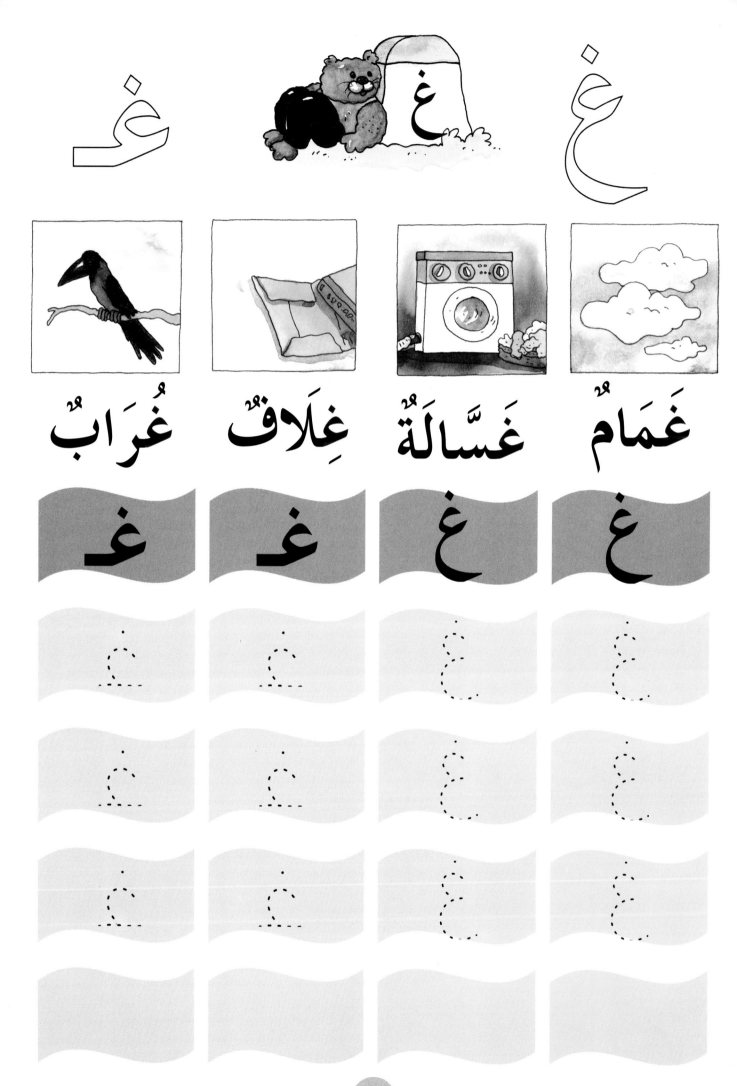

غ غـ

غ

غَمامٌ غَسَّالَةٌ غِلافٌ غُرابٌ

غ غ غـ غـ

تَمَارِين

Read the letters

ط ظ ع غ — ط غ ظ ع — ع ظ ط غ

غ ط ع ظ — ط ع غ ظ — ع غ ظ ط

Join letters with correct images

ط

ظ

ع

غ

ط

ظ

ع

غ

ط

ظ

ع

غ

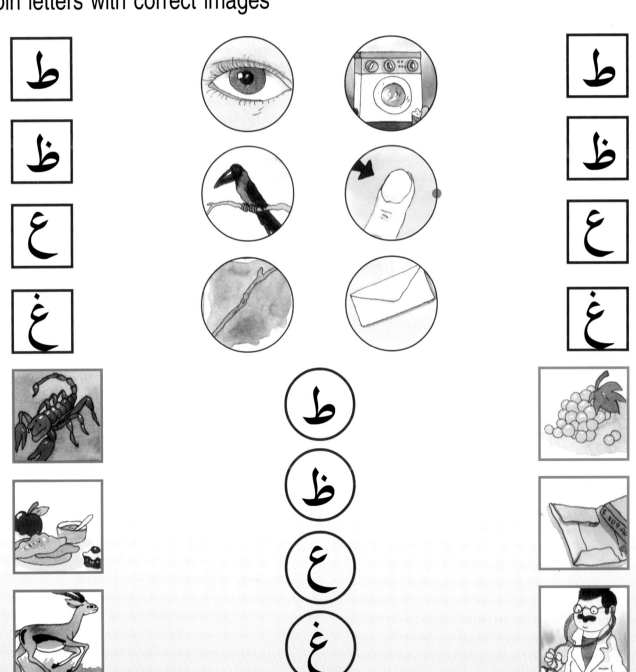

# Encircle the proper letters below the images

 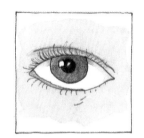  

| ط ظ ع غ | ط ظ ع غ | ط ظ ع غ | (ط) ظ ع غ |
|---|---|---|---|

| ط ظ ع غ | ط ظ ع غ | ط ظ ع غ | ط ظ ع غ |
|---|---|---|---|

| ط ظ ع غ | ط ظ ع غ | ط ظ ع غ | ط ظ ع غ |
|---|---|---|---|

# Fill the letters with colour

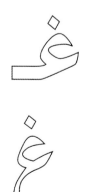     

35

ع + د = عد

ب + ط = بط

غ + ش = غش

ع + ض = عض

Colour the words

طبخ عبد غضب بطش

Practise the following

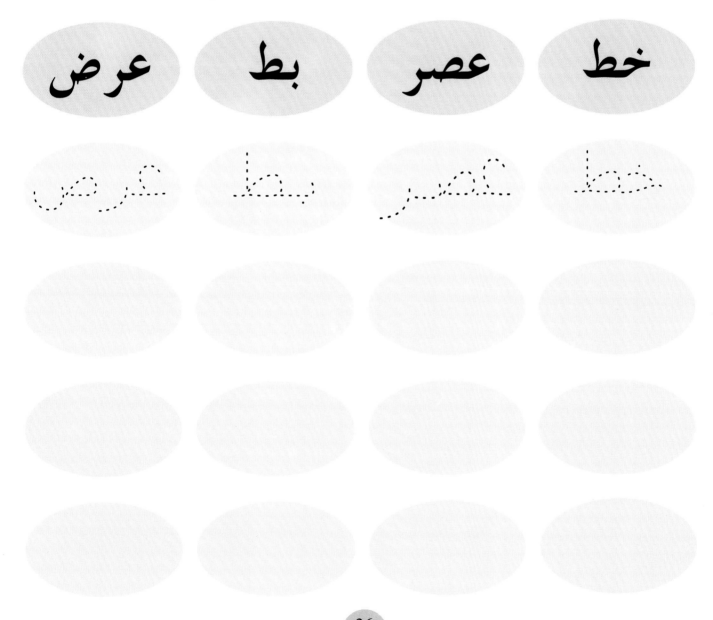

خط عصر بط عرض

خط عصر بط عرض

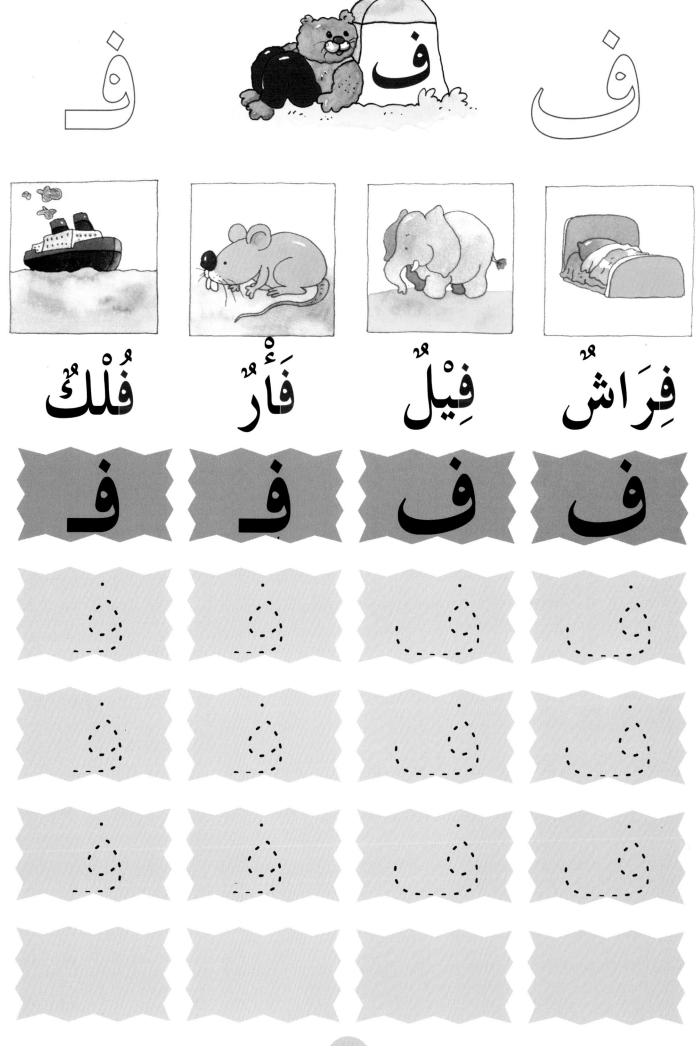

ف            ف

فُلْكٌ    فَأْرٌ    فِيْلٌ    فِرَاشٌ

ف    ف    ف    ف

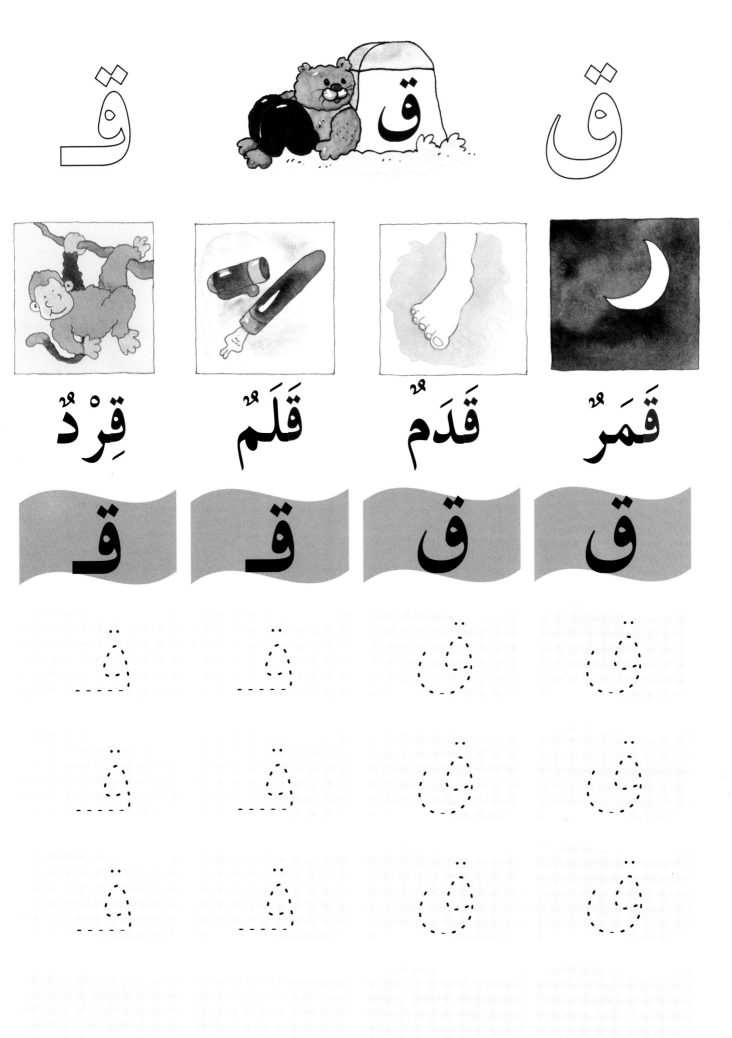

قٌ ٯ ق ق

قِرْدٌ    قَلَمٌ    قَدَمٌ    قَمَرٌ

ق    ق    ق    ق

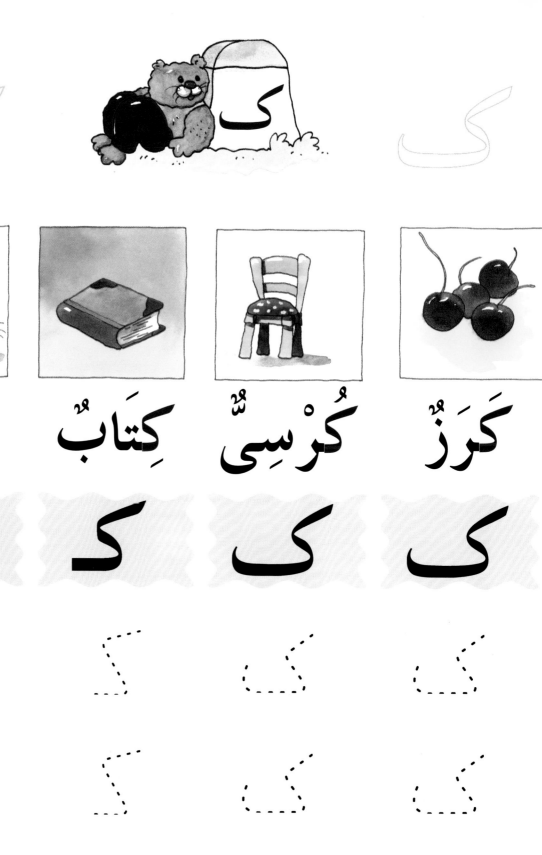

كَرَزٌ    كَلْبٌ    كِتَابٌ    كُرْسِيٌّ

ك    ك    ك    ك

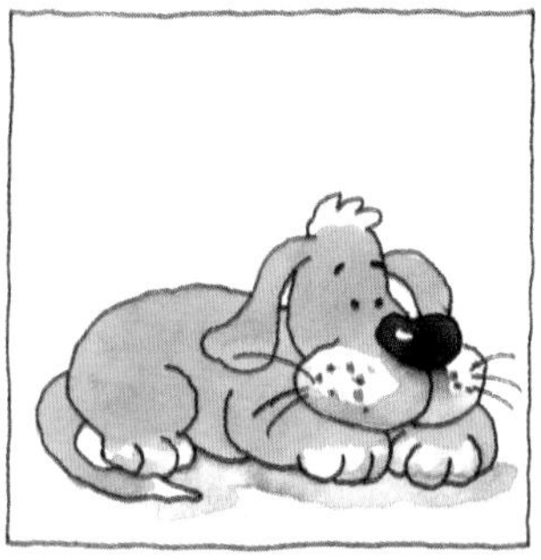

# تَمَارِين

Read the letters

ف ق ك | ق ف ك | ك ف ق

ف ك ق | ك ق ف | ق ك ف

Join letters with correct images

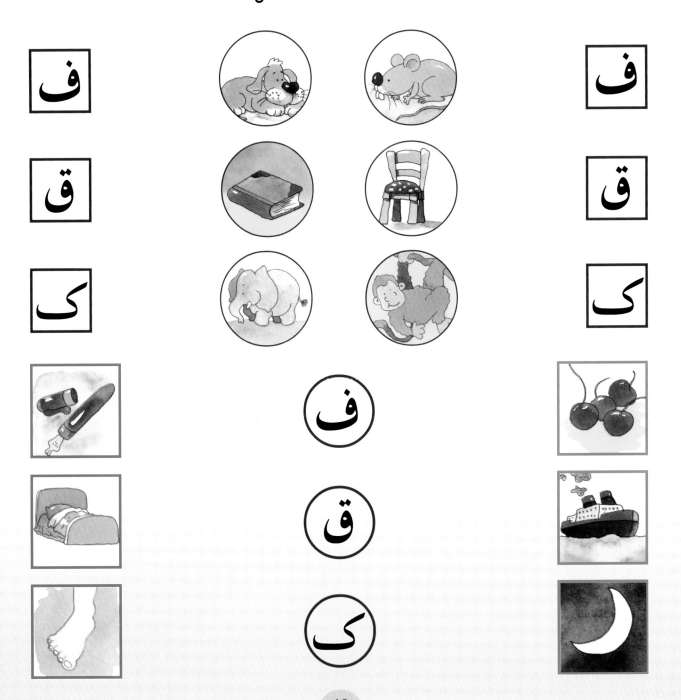

ف ف

ق ق

ك ك

ف 

ق 

ك

Encircle the proper letters below the images

| | | | |
|---|---|---|---|
| ف ق ک | ف ق ک | ف ق ک | ف (ق) ک |

| | | | |
|---|---|---|---|
| ف ق ک | ف ق ک | ف ق ک | ف ق ک |

| | | | |
|---|---|---|---|
| ف ق ک | ف ق ک | ف ق ک | ف ق ک |

Fill the letters with colour

ف ف ق ق ک ک

ک ف ک ق ف ق

ف + ج = فج

ق + س = قس

ح + ک = حک

ق + ط = قط

Colour the words

حق قبض فتح كتف

Practise the following

شک کب قس عکر

شک کب قس عکر

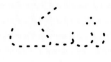

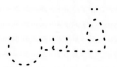

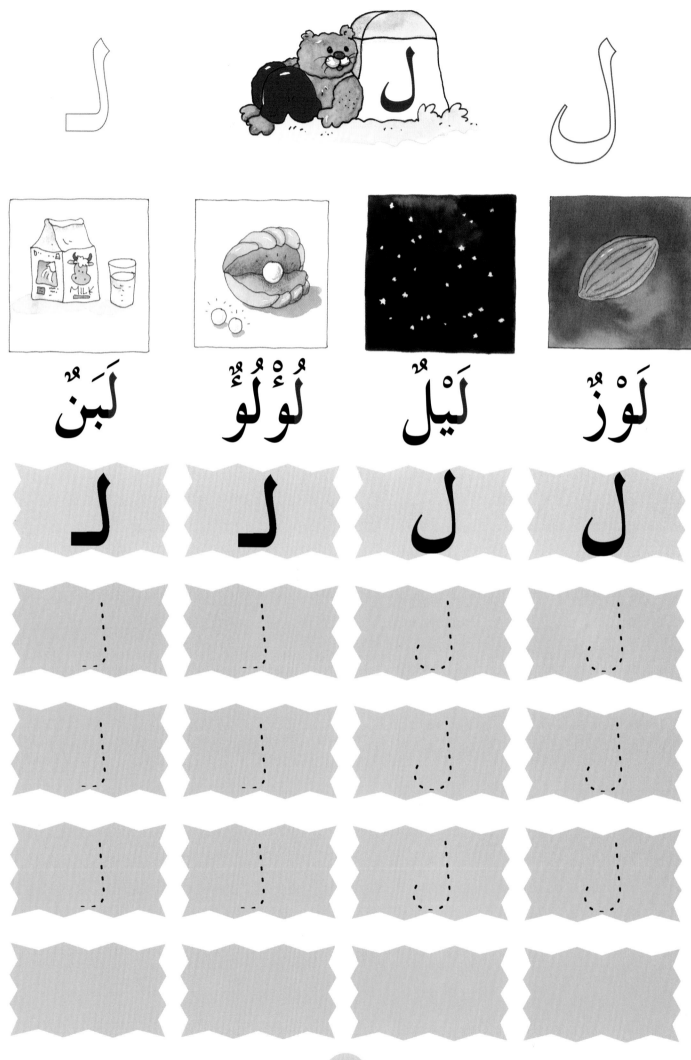

ل

لـ

| لَوْزٌ | لَيْلٌ | لُؤْلُؤٌ | لَبَنٌ |
|---|---|---|---|
| ل | ل | لـ | لـ |

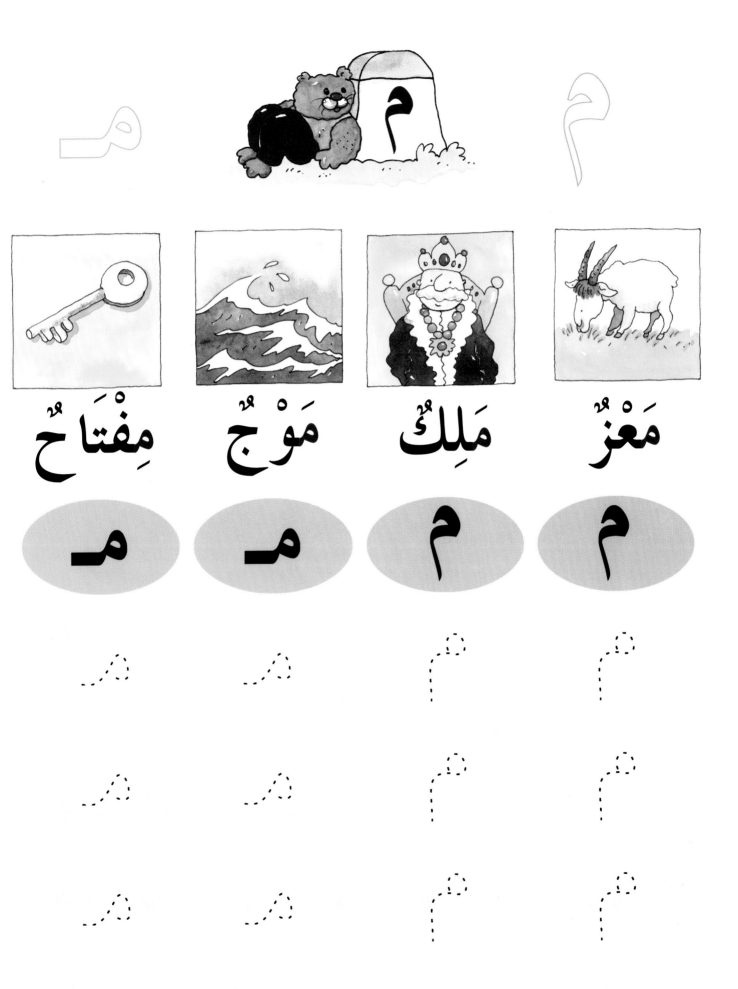

م

مـ

مَعْزٌ مَلِكٌ مَوْجٌ مِفْتَاحٌ

م م مـ مـ

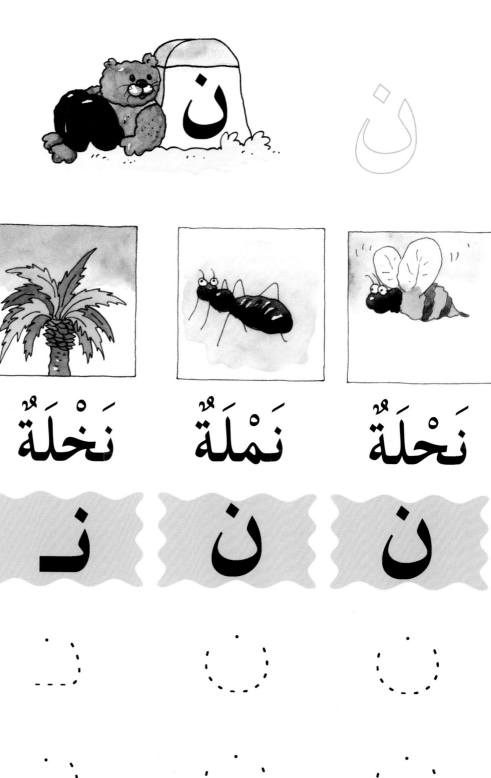

ن

ن

نـ

| | | | |
|---|---|---|---|
| | | | |
| نَحْلَةٌ | نَمْلَةٌ | نَخْلَةٌ | نَهْرٌ |
| ن | ن | نـ | نـ |

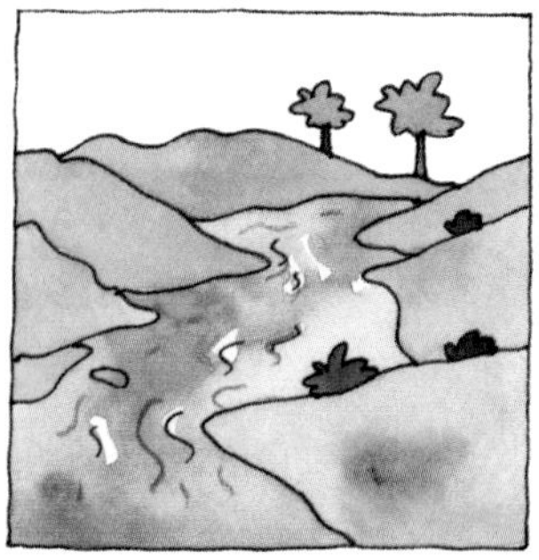

# تَمارِين

Read the letters

ن م ل — ل ن م — ل م ن

ن ل م — م ل ن — م ن ل

Join letters with correct images

ل ل

م م

ن ن

ل 

م 

ن

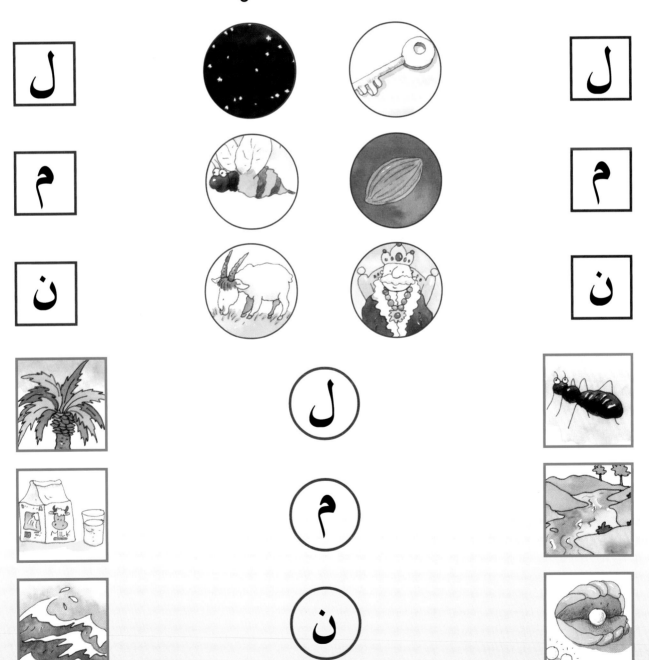

## Encircle the proper letters below the images

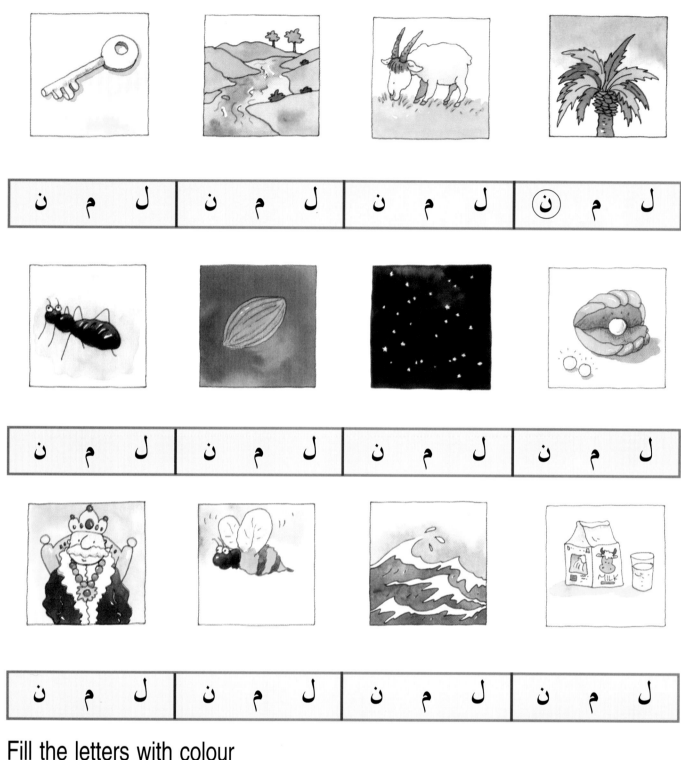

| | | | |
|---|---|---|---|
| ل م ن | ل م ن | ل م ن | ل م ن |

| | | | |
|---|---|---|---|
| ل م ن | ل م ن | ل م ن | ل م ن |


| | | | |
|---|---|---|---|
| ل م ن | ل م ن | ل م ن | ل م ن |

## Fill the letters with colour

ل لـ م مـ ن نـ

م ن نـ ل لـ مـ

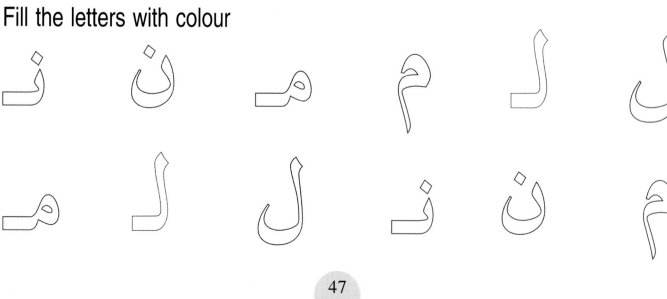

| | |
|---|---|
| ك + ل = كل | ف + م = فم |
| م + ن = من | ن + ص = نص |

Colour the words

نار ملح ملك نظر

Practise the following

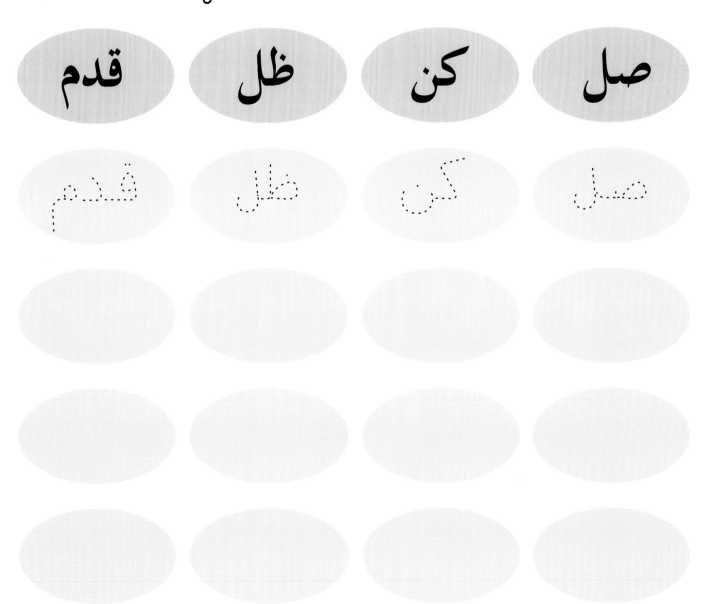

| | | | |
|---|---|---|---|
| صل | كن | ظل | قدم |
| صل | كن | ظل | قدم |

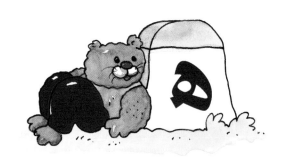

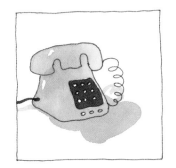

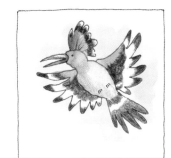

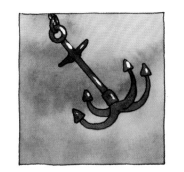

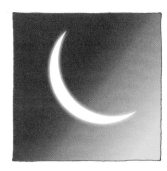

ه ه

هِلالٌ هِلْبٌ هُدْهُدٌ هَاتِفٌ

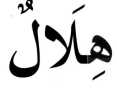

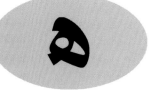

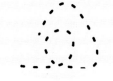

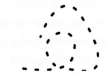

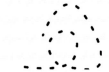

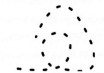

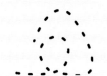

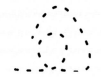

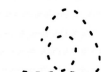

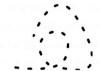

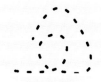

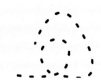

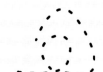

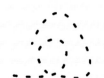

ه ه ه ه

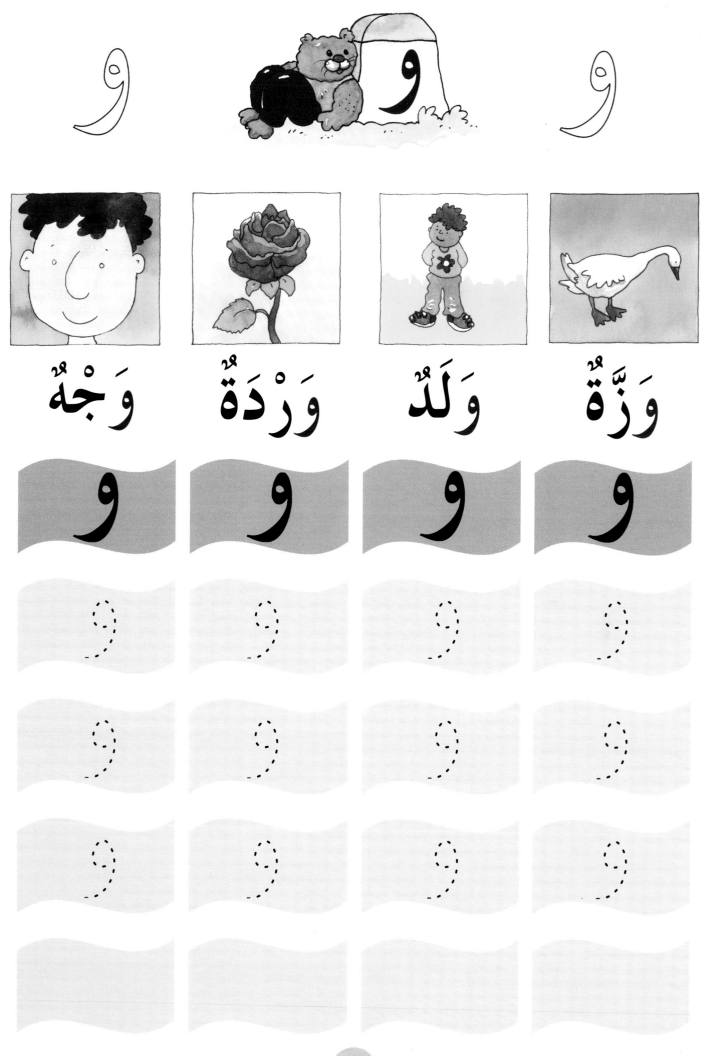

و

و

# وَزَّةٌ وَلَدٌ وَرْدَةٌ وَجْهٌ

و و و و

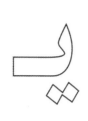

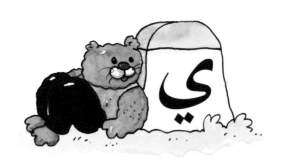

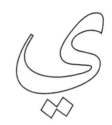

ي

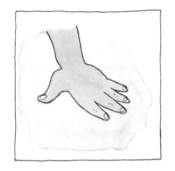

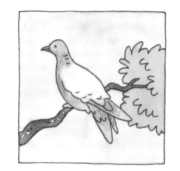

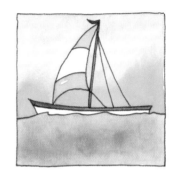

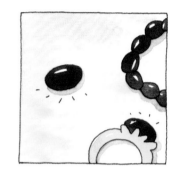

يـ

| | | | |
|---|---|---|---|
| يَاقُوتٌ | يَخْتٌ | يَمَامَةٌ | يَدٌ |
| ي | ي | يـ | يـ |

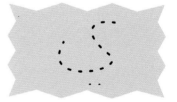

# تَمَارِين

Read the letters

ه و ي | و ه ي | ه ي و

و ي ه | ي و ه | ي ه و

Join letters with correct images

ه ه

و و

ي ي

ه 

و 

ي

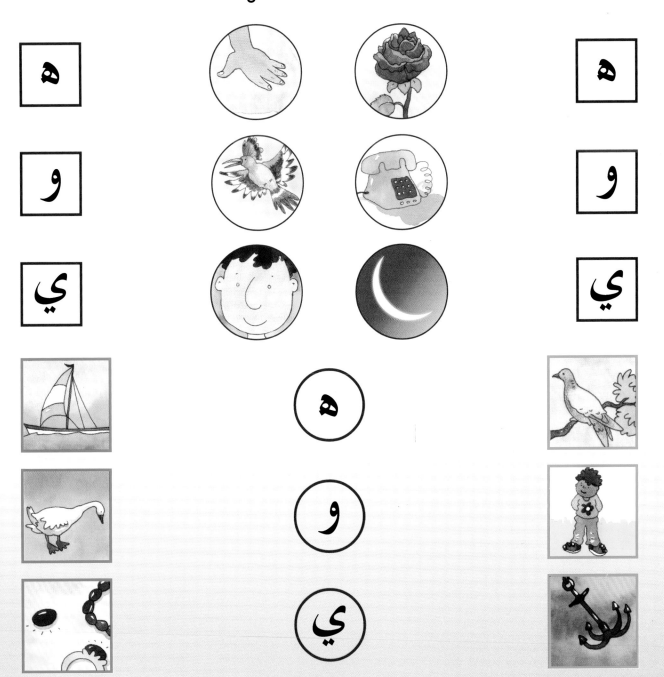

## Encircle the proper letters below the images

| | | | |
|---|---|---|---|
| ي و ه | ي و ه | ي و ه | (ي) و ه |

| | | | |
|---|---|---|---|
| ي و ه | ي و ه | ي و ه | ي و ه |

| | | | |
|---|---|---|---|
| ي و ه | ي و ه | ي و ه | ي و ه |

## Fill the letters with colour

ه و ي يـ ه و ي

ه ه و و ي ي يـ

ه + و = هو

ي + د = يد

ي + ا = يا

ه + ي = هي

Colour the words

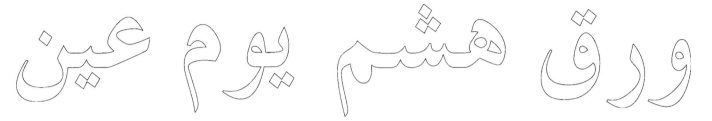

ورق هشم يوم عين

Practise the following

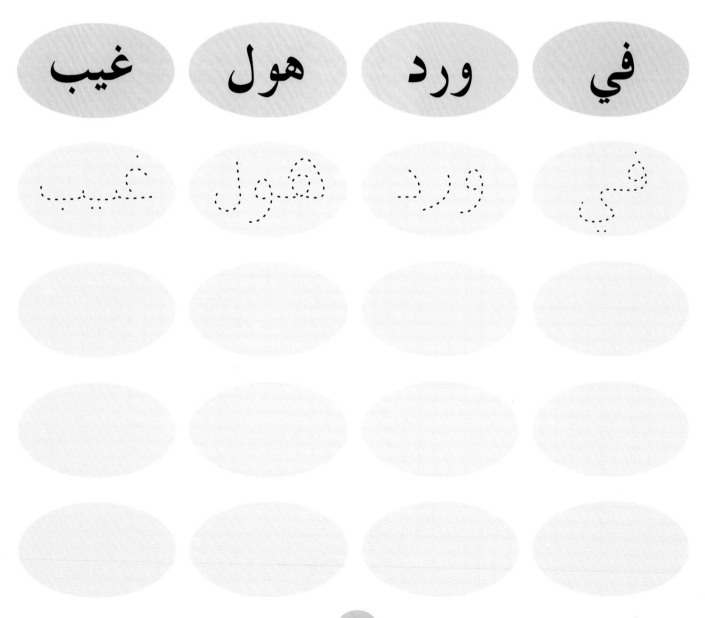

في ورد هول غيب

في ورد هول غيب

# جِسْمُ الْإِنْسَان

شَعْر

رَأْس

اَنْف

فَم

عُنُق

اِبْهَام

اِصْبَع

مِرْفَق

صَدْر

رُكْبَة

كَاحِل

عَيْن

اُذُن

ذَقْن

مَنْكِب

ذِرَاع

يَد

ظُفُر

رِجْل

قَدَم

عَقِب

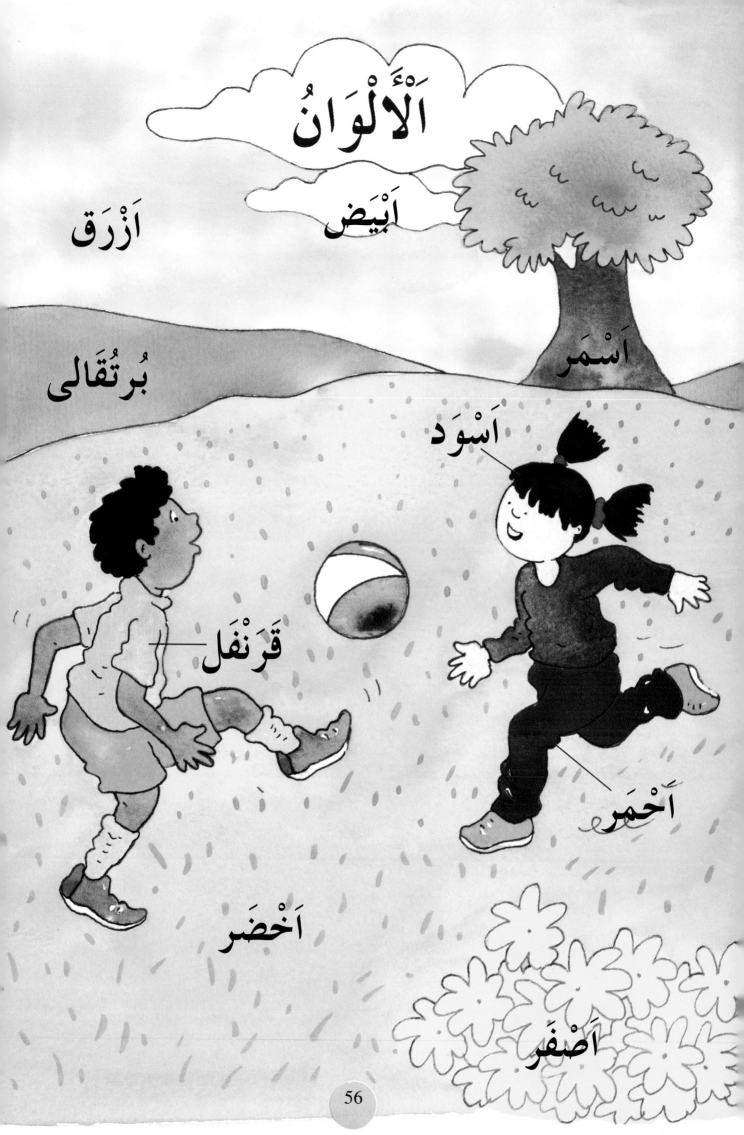

# اَلْأَلْوَانُ

اَبْيَض
اَزْرَق
اَسْمَر
بُرتُقَالى
اَسْوَد
قَرَنْفَل
اَحْمَر
اَخْضَر
اَصْفَر

Match colours with their names

اَزْرَق اَبْيَض

اَسْوَد اَصْفَر

اَحْمَر اَسْمَر

اَخْضَر بُرتُقَالى

Fill the shapes with proper colours

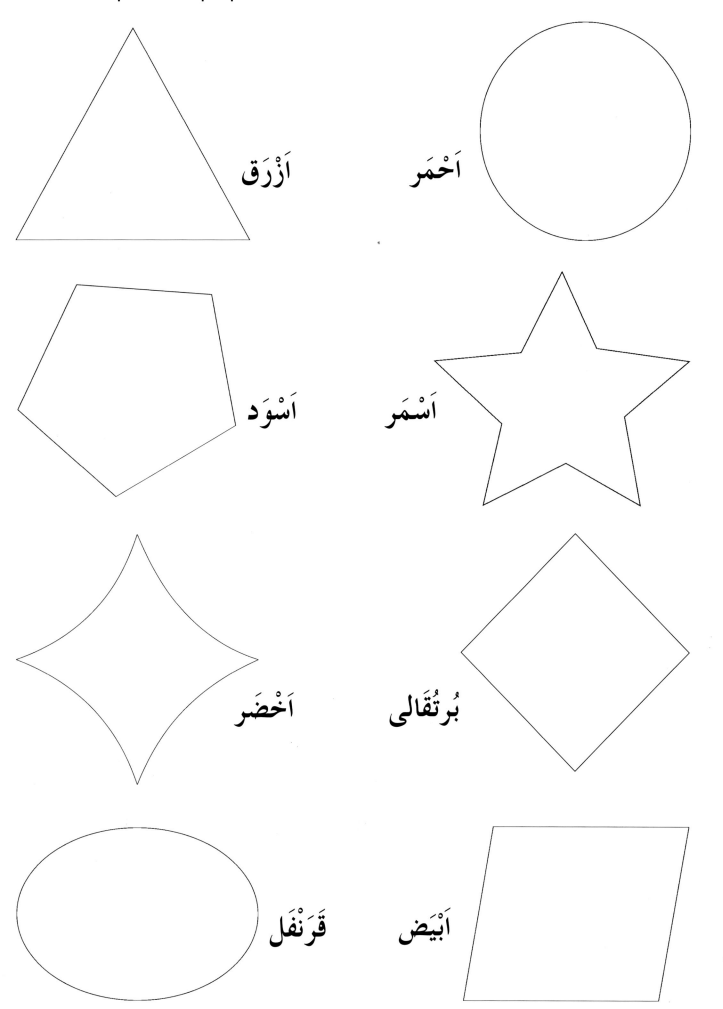

اَزْرَق

اَحْمَر

اَسْوَد

اَسْمَر

اَخْضَر

بُرتُقَالی

قَرَنْفَل

اَبْیَض

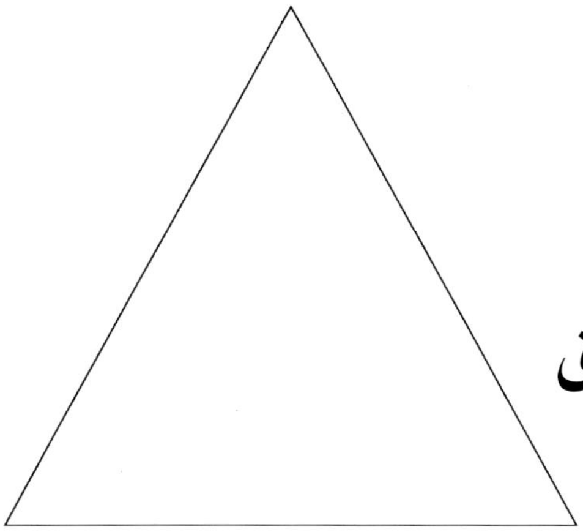

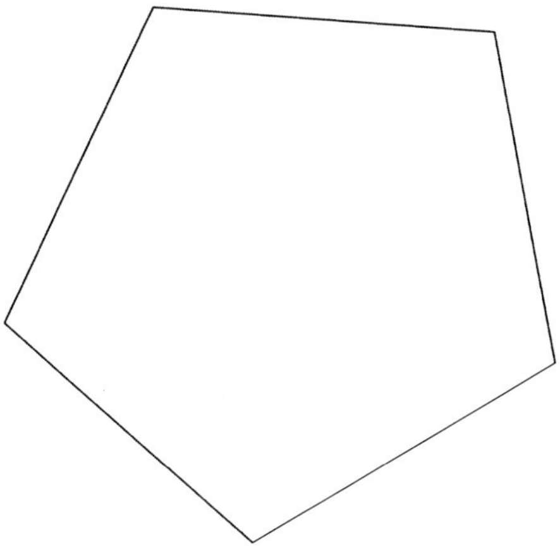

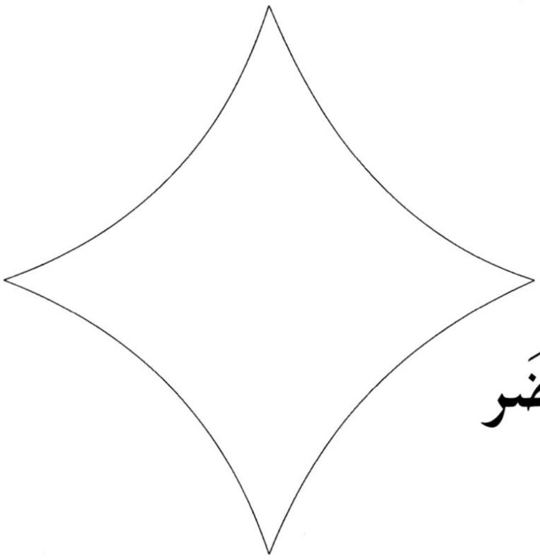

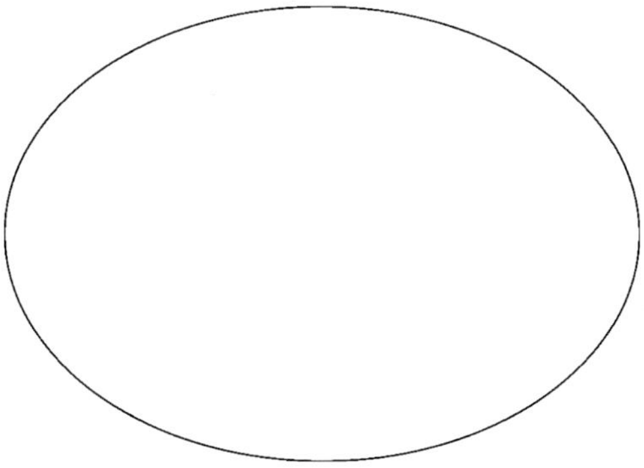

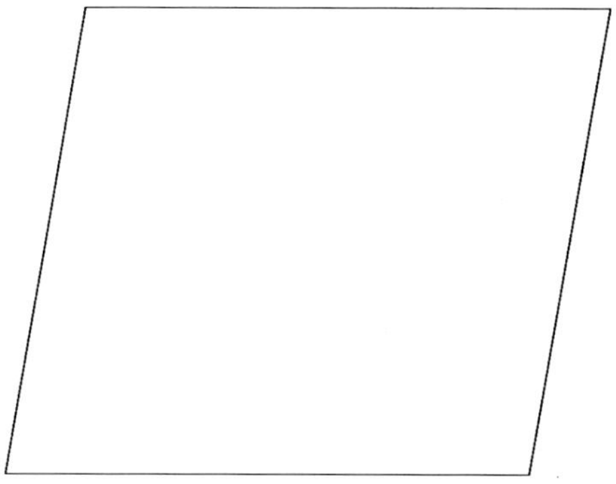

# اَلْأَعْدَادُ

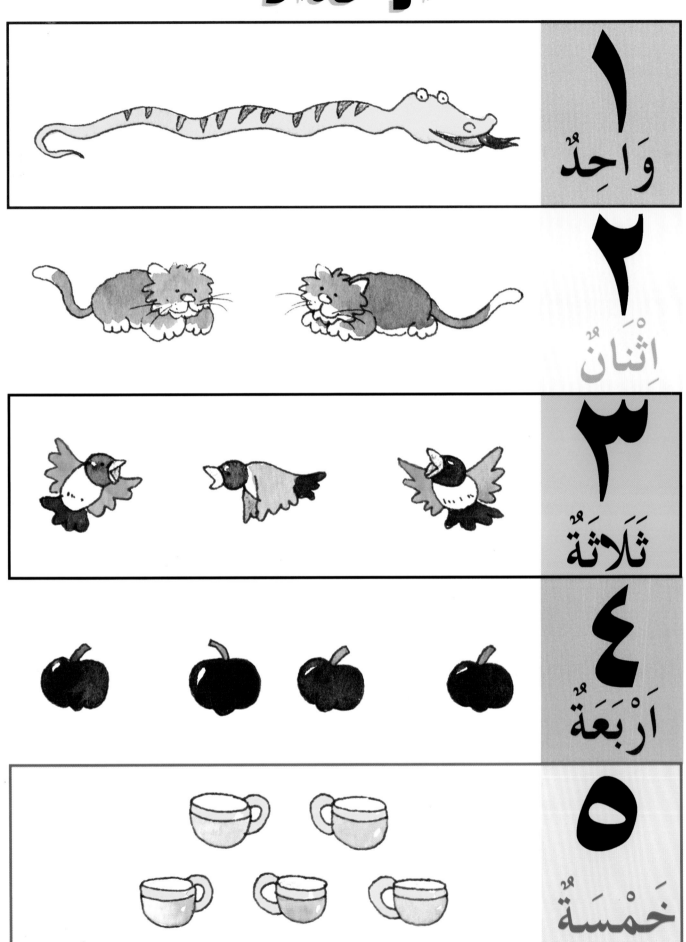

| ١ | وَاحِدٌ |
| ٢ | اِثْنَانِ |
| ٣ | ثَلَاثَةٌ |
| ٤ | اَرْبَعَةٌ |
| ٥ | خَمْسَةٌ |

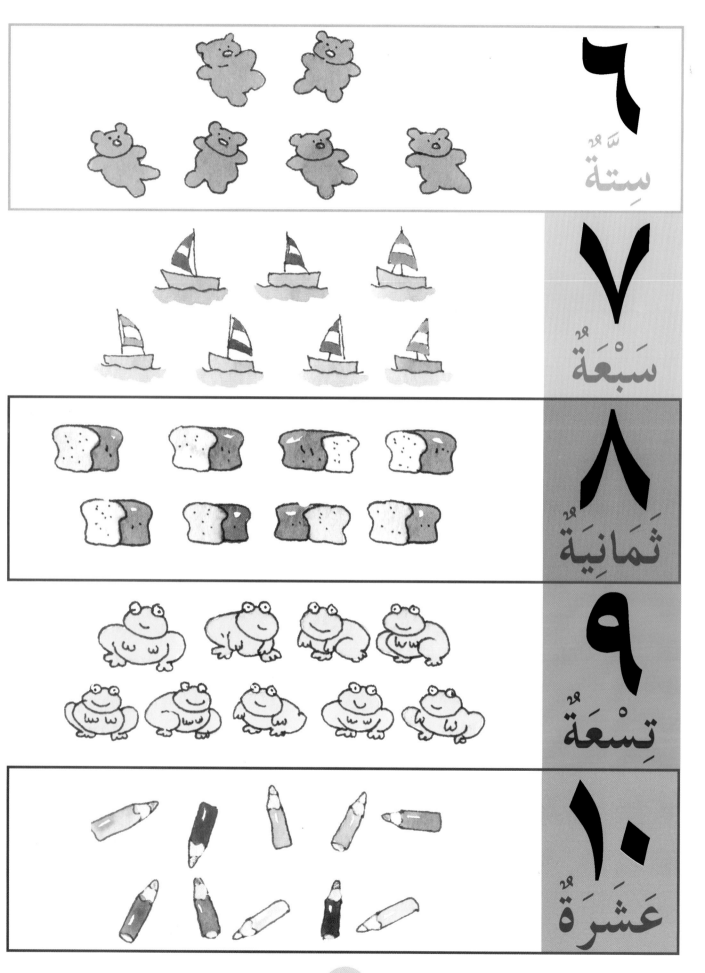

٦ سِتَّةٌ

٧ سَبْعَةٌ

٨ ثَمَانِيَةٌ

٩ تِسْعَةٌ

١٠ عَشَرَةٌ

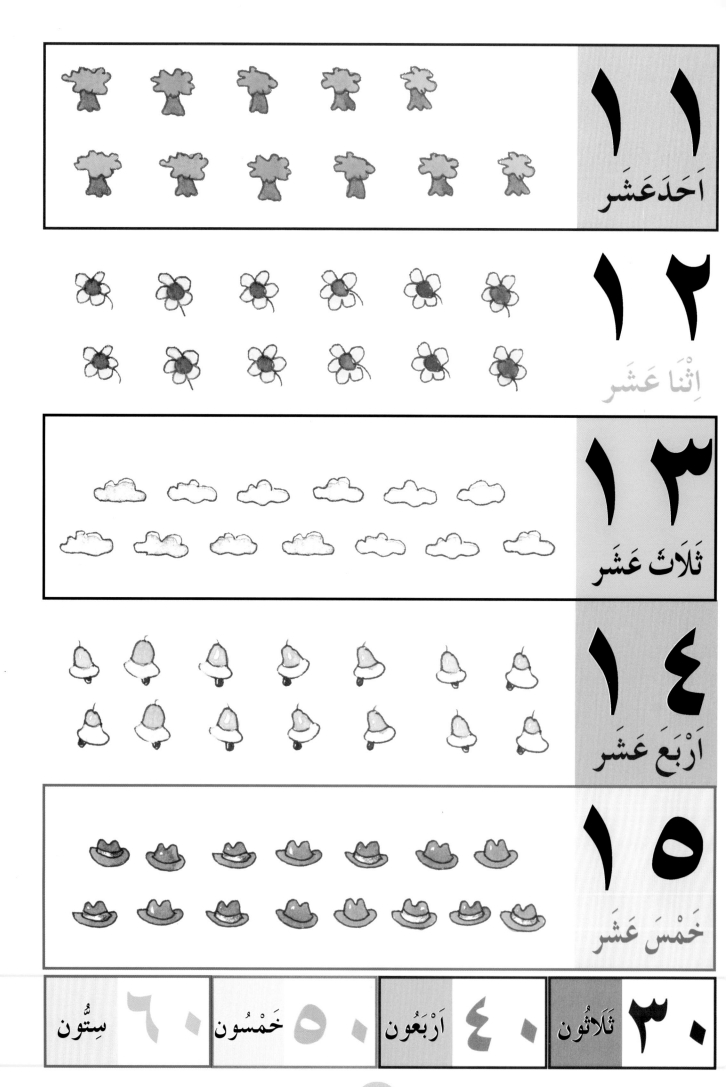

## ١١
اَحَدَ عَشَر

## ١٢
اِثْنَا عَشَر

## ١٣
ثَلَاثَ عَشَر

## ١٤
اَرْبَعَ عَشَر

## ١٥
خَمْسَ عَشَر

| | | | |
|---|---|---|---|
| ٣٠ ثَلاثُون | ٤٠ اَرْبَعُون | ٥٠ خَمْسُون | ٦٠ سِتُّون |

## ١٦

سِتَّ عَشَر

## ١٧

سَبْعَ عَشَر

## ١٨

ثَمانِيَ عَشَر

## ١٩

تِسْعَ عَشَر

## ٢٠

عِشْرُون

| | | | | | | | |
|---|---|---|---|---|---|---|---|
| ٧٠ | سَبْعُون | ٨٠ | ثَمَانُون | ٩٠ | تِسْعُون | ١٠٠ | مِئَة |

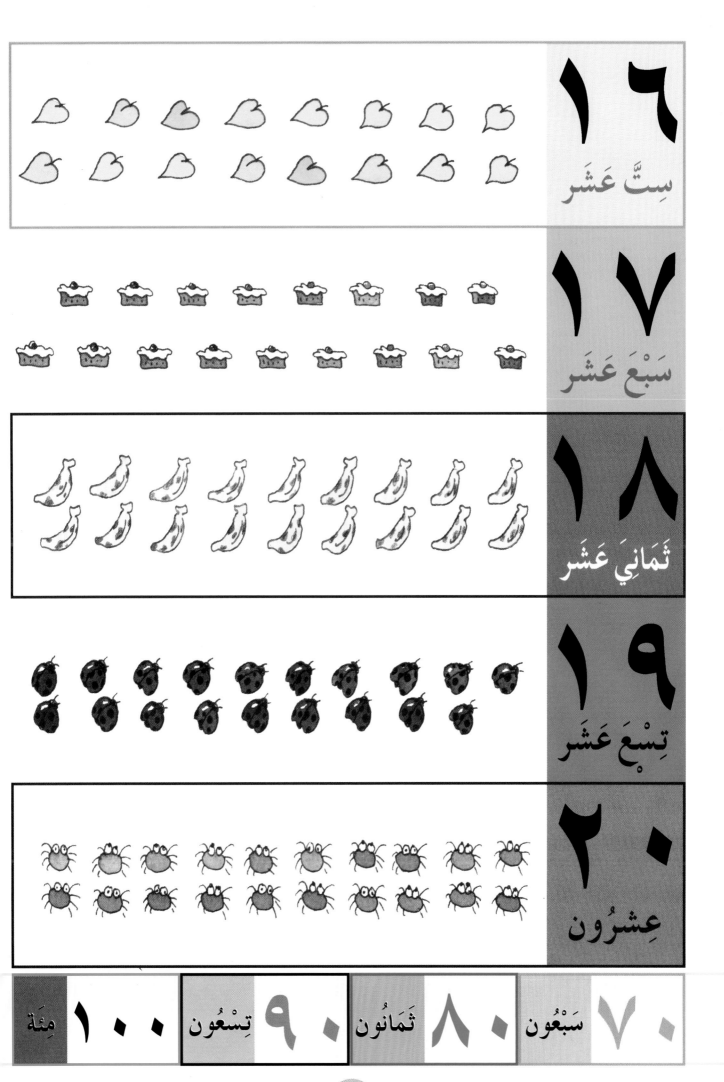

تمارين

Fill the letters with colour

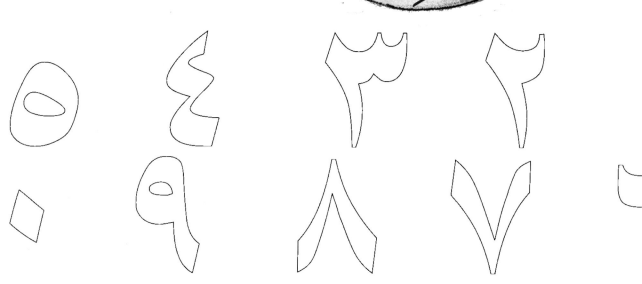

١ ٢ ٣ ٤ ٥

٦ ٧ ٨ ٩ ٠

Match the numbers with words

| | | | |
|---|---|---|---|
| تِسْعَةٌ | ٦ | ١ | وَاحِدٌ |
| عَشَرَةٌ | ٧ | ٢ | اِثْنَانِ |
| ثَمَانِيَةٌ | ٨ | ٣ | ثَلَاثَةٌ |
| سَبْعَةٌ | ٩ | ٤ | اَرْبَعَةٌ |
| سِتَّةٌ | ١٠ | ٥ | خَمْسَةٌ |

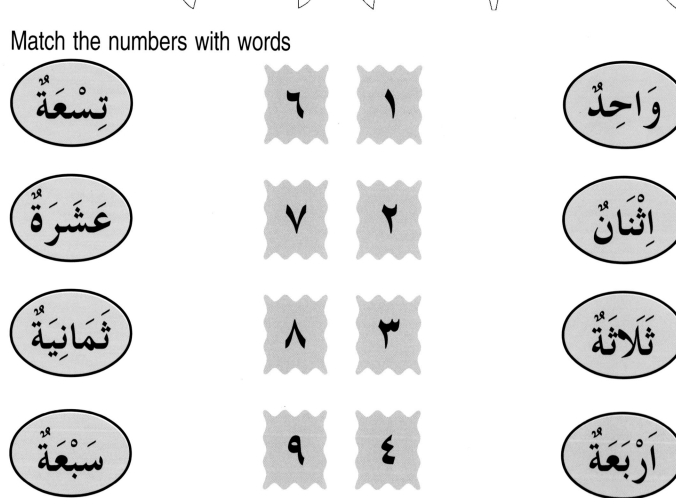

# Count and write numbers

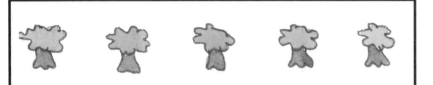

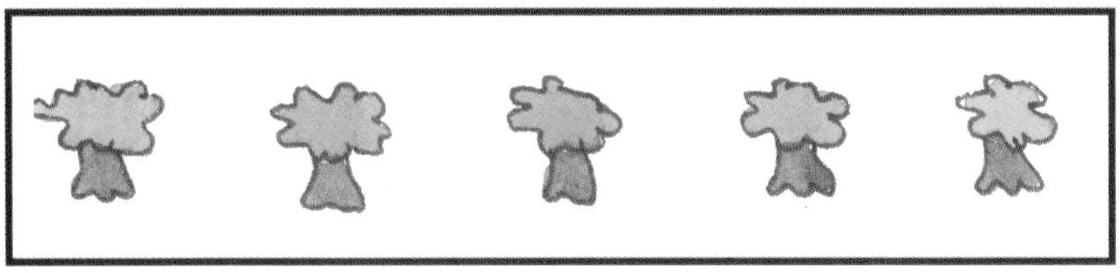

.........................

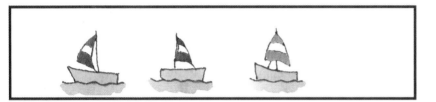

.........................

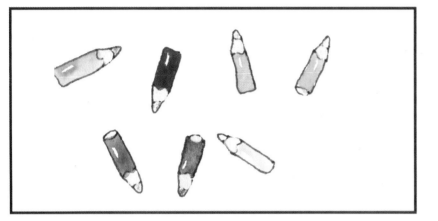

.........................

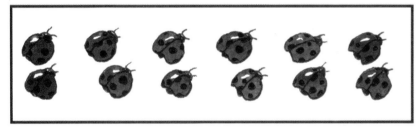

.........................

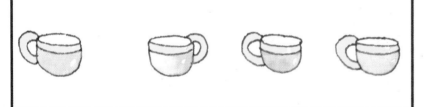

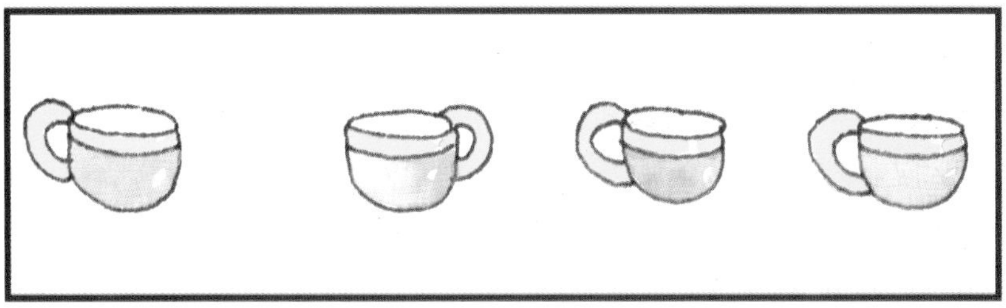

.........................

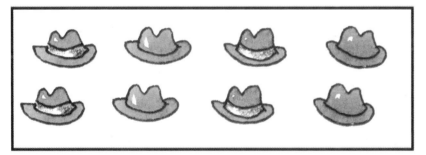

.........................

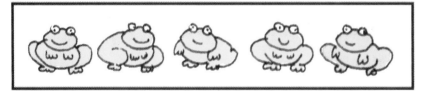

.........................

64